Europäische Bibliothek
4

Herausgegeben von Henning Ritter

Giorgio Colli   Nach Nietzsche

Giorgio Colli
NACH NIETZSCHE

Aus dem Italienischen von Reimar Klein

Europäische Verlagsanstalt

CIP-Kurztitelaufnahme der Deutschen Bibliothek

Colli, Giorgio:
Nach Nietzsche / Giorgio Colli. Aus d.
Ital. von Reimar Klein. – Frankfurt am Main :
Europäische Verlagsanstalt, 1980.
(Europäische Bibliothek)
Einheitssacht. : Dopo Nietzsche <dt.>
ISBN 3-434-00703-2

© 1980 by Europäische Verlagsanstalt Frankfurt am Main
Titel der Originalausgabe: Giorgio Colli, Dopo Nietzsche
erschienen 1974 Adelphi Edizioni, Milano
Umschlaggestaltung: Atelier Rambow, Lienemeyer, van de Sand
Satz und Druck: F. L. Wagener, Lemgo
Bindung: Klemme & Bleimund, Bielefeld
Produktion: Klaus Langhoff, Friedrichsdorf
Alle Rechte vorbehalten, insbesondere das des öffentlichen Vortrags, der
Rundfunksendung, der Fernsehausstrahlung sowie der fotomechanischen
Wiedergabe, auch einzelner Teile.
Printed in Germany
ISBN 3-434-00703-2

Dem Andenken meines Vaters

Der Übersetzer dankt Herrn Professor Mazino Montinari, Florenz, für Hinweise und Ratschläge bei der abschließenden Redaktion der Übersetzung.

INHALT

REZEPTE FÜR EINEN PHILOSOPHEN 15
Schicksalsgefährten – Zwei Monstrositäten – Die Wahrheit entsetzt – Das Spiel des Wortes – Eine Mahnung an den, der gegen den Strom schwimmt – Neid als Tugend – Platons Askese – Montaigne als Zuflucht – Vorbereitung der Bühne – Kritik der Tendenz zum System – »Können« und »Wollen« – Wie man Philosoph wird – Das Bedürfnis zu reden – Gedanken ohne Eile – Theorie des Willens – Die Literatur ersetzt das Leben – Der Fuchs und die Trauben – Die Tyrannen sind langweilig – Der Unzeitgemäße wird zeitgemäß – Zwei Stile – Büchermensch und Tatmensch – Der Bann der Geschichte

DER GOTT, DER VON FERNE TRIFFT 39
Die Rede des Wahnsinns – Apollos Pfeil – Divination und Herausforderung – Die Vernunft entspringt aus der Ekstase – Eine Aktion auf Distanz – Die verhängnisvolle Chiffre – Ein ungerechtes Urteil – Ursprung der Dialektik – Das tiefe Lebewesen – Jagd nach der Totalität – Der Schlußakkord – Eine Polarität – Aufklärung und Theologie – Zwei Verderber – Der Wissenschaftler hat Angst – Eine verkappte Knechtschaft – Umhüllt von einer verheerenden Nacht

DIE GEGENWART EXISTIERT NICHT 63

Zur Ekstase – Der Herzschlag trügt – Ein begehrter Titel – Doppelte Absage – Falsche Idole – Umstürzen heißt untermauern – In der Sphäre der Scham – Lehre vom Augenblick – Ausbruch aus dem Universalen – Die Welt als Arabeske – Gegen die Notwendigkeit – Frankreich und Deutschland – Scheinbare Paradoxe – Verschwendete Genialität – Falscher Sieg über die Moral – Aristophanes und Freud – Das Leben ist in der Vergangenheit

TOD DER PHILOSOPHIE 83

Ungewisses Ende – Neid auf die Vergangenheit – Der Tempel der toten Worte – Ein blinder Fleck in der Erleuchtung – Ohne Gesprächspartner – Wahrheit im schlichten Gewand – Ein naiver Vernunftglaube – Die christliche Lüge – Der Mythos des Willens – Ein hartnäckiges Dogma – Metaphysik und Moral – Much ado about nothing – Zerschlagene Anmaßung – Die Degeneration geht dem Individuum voraus – Elend des Philosophen – Verspätete Panik – Zur intellektuellen Physiologie Nietzsches – Sokrates und das Orakel

GÖTTER UND MENSCHEN 103

Ewiges Leben und langes Leben – Die Frage der Größe – Triumph der Freude – Das Individuum als Illusion – Der große Gedanke – Kritik des Todes – Menschlich, allzumenschlich – Vibration des Abstrakten – Lästige Worte fürs moderne Ohr – Zweideutigkeit eines Problems – Nicht getäuscht werden und täuschen

KUNST IST ASKESE 117

Ein Weg zurück – Unvermögen und Widerwille – Dionysisch und barock – Mystische Entkleidung – Im Rücken ein Abgrund – Wagner und nach Wagner – Die Jugend irrt – Geiz des Stilisten – Ein Matador – Ein Spielverderber – Große Seelen – Lehre der Kulmination – Die Angst als Lücke – Tragödie als Hieroglyphe – Ein Gegensatz – Die Kunst hat keinen Gegenstand

LITERATUR ALS LASTER 137

Übereilte Ernte – Eine verstaubte Fiktion – Zwei Weisen zu denken – Wissenschaft und Wissenschaftler – Fünfzig Jahre früher – Einsamer Schachspieler – Macht der Lüge – Was sich nicht ausdrücken läßt – Jenseits der Schrift – Gier nach Leben – Eine schmucklose Sprache – Ein ruheloser Kopf – Ein vielfarbiger Stil – Rache des Einsiedlers

DIE GRIECHEN GEGEN UNS 153

Ein Irrweg des Ruhms – Das Leben gilt mehr als das Werk – Zeichen einer Ferne – Mangel an Kongenialität – Mißverständnis über den Schmerz – Herausforderung eines Weisen – Wie man die historische Betrachtung verlernt – Der Rivale des Schmerzes – Ein verrufenes Wort – Kritik Goethes – Sexualpsychologie – Wirkung der Ranküne – Tendenz zur Manipulation – Umkehrung eines Urteils – Menschen geringeren Formats – Ein Jahrhundert wie die anderen – Auf feindlichem Boden kämpfen – Auf hohem Niveau – Vorteil des Weitsichtigen – Spott für die Vergangenheit – Die Fata Morgana der Vernichtung – Pädagogischer Exzeß

DER GRAUSAME SCHLUND 175

Der Tod Homers – Ein perverser Ursprung – Rätsel und Wettkampf – Christlich bedeutet antichristlich – Mittel der Kommunikation – Geburt der Tragödie – Die Spur des Unsagbaren – Doppelte Wahrheit – Die Illusion der Immanenz – Ein finsteres Wort – Nebel und Sonne – Dialektischer Einwand – Divination und Notwendigkeit – Schopenhauer gegen Schopenhauer – Sokrates vor den Richtern – Wo es die Bibel nicht gibt

ERBARMEN MIT EINEM HELDEN 197

Ein zweischneidiges Schwert – Die Maske herunter! – Ein schwieriger Freund – Die Disziplin und die Phantasie – Ein reißender Strom – Metaphysische Hypothese – Abweichungen vom Vorbild – Handeln im großen – Die Optik der Verachtung – Der Philosoph als Weltmann – Rangunterscheidung – Der andere Dionysos – Zitieren verboten – Wer Gerechtigkeit verdient – Türen schließen – Ein aufschlußreicher Hinweis – Die Falschheit des Literaten – Heute sind wir im Vorteil – Das Modell der Integrität

NACH NIETZSCHE

.. Wo? Wie? Ist es nicht Torheit,
noch zu leben? –
Ach meine Freunde, der Abend ist
es, der so aus mir fragt. Vergebt
mir meine Traurigkeit!
Abend ward es: vergebt mir, daß es
Abend ward!
Also sprach Zarathustra.

REZEPTE FÜR EINEN PHILOSOPHEN

Schicksalsgefährten

Sieht man, in der Nationalbibliothek von Florenz, daß auf dem Titelblatt einiger aus dem sechzehnten Jahrhundert stammender Ausgaben von Niccolò Machiavelli der Name des Autors von unbekannter Hand mit einem Federstrich gelöscht ist – aus Verachtung für jenen Autor, der über die »Schwäche« geschrieben hatte, »in die die gegenwärtige Religion die Welt versetzt hat«: so denkt man an Friedrich Nietzsche und an das, was alle diejenigen von der Gerechtigkeit der Späteren zu erwarten haben, die zu ihrer Gegenwart mit wahrer Härte sprechen.

Zwei Monstrositäten

Bei Sokrates ist das Fehlen einer jeden mystischen Neigung so ausgeprägt, daß der Mangel zu einer Monstrosität wird. Der geniale Hinweis stammt von Nietzsche, der, um seine These zu stützen, das *daimonion* zitiert, irregeleiteter und deshalb rein negativer Überrest einer Weisheit des Instinkts. Doch geht Nietzsche zu weit, wenn er demgegenüber als positiven Charakter von Sokrates ein Übermaß an logischer, antimystischer Anlage heraushebt. Nein, Sokrates wollte die mystische Erkenntnis; deswegen besuchte er die Tragödie, kehrte eine religiöse Natur heraus und zeigte sich der großen Tradition der Stadt ergeben; sein Temperament aber war kein mystisches. Die Dialektik war ein Surrogat, seine überragende Deduktionskunst befriedigte ihn nicht. Der *logos* entspringt aus dem Mysterienwissen, ist aber nicht imstande, zu einer solchen Vision hinzuführen, wie Sokrates vielleicht hoffte, und wie Platon glauben machen wollte. Darum war Sokrates ein Unzufriedener, ein Pessimist, erstarrt zwischen einem Impuls zur Ekstase, zur Intensität und einem wütenden Streit gegen das Leben. In seinem Verhalten gegen Alkibiades, im Zurückweichen vor der Leidenschaft, die er selber hervorrief, verrät Sokrates sein Geheimnis. Wer vorm Strudel des Wahnsinns zurückschreckt, sich ans Bewußtsein klammert, mitgerissen werden will und sich zugleich dagegen sträubt, der wird ein Verleumder, ein moralischer Gesetzgeber und gegenüber der Welt ein enttäuschter Verächter, wie es in seiner Apologie vor den Richtern oder in der Skrupellosigkeit seiner Ironie durchscheint.

Auch Nietzsche verrät, freilich im entgegengesetzten Sinn, einen Mangel, der zur Monstrosität wird: es ist diese entsprechende Natur, welche ihn zuinnerst mit Sokrates verbindet. Nietzsche fehlt es in extremer

Weise am höheren Deduktionsvermögen, verstanden als die Fähigkeit, einen immensen Haufen von abstrakten Vorstellungen zu koordinieren und zu subordinieren, wie es sich für den Philosophen gehört. Er besitzt hingegen eine eminent mystische und mysterienhafte Anlage; doch er will sie verbergen. Was ihm vorschwebt, ist eine überragende Kunst der Beweisführung, ausgerechnet das, woran es ihm in paradoxer Weise mangelt. Die Anstrengungen, um ins Freie zu kommen und sich aus der Verwicklung zu lösen, richten sich auf das Gebiet, dem seine Natur am fernsten steht.

Die Wahrheit entsetzt

Nietzsche sah, daß der Schmerz unseres Daseins kein Entrinnen zuläßt, daß die Illusionen und die Lügen, die ihn von uns fernhalten sollen, nichts vermögen. Gegenüber dem Beängstigenden dieser Vision wußte er »wahrhaftig« zu sein; ehe er sich aber, verloren im Wald der Erkenntnis, geschlagen gab, hetzte er darin die »buntgefleckten Raubtiere« auf und jauchzte inmitten des Schreckens und der Verzweiflung, um sich in der Gestalt eines siegreichen Kämpfers zu zeigen. Vor Sokrates kamen Jäger des Schmerzes lebendig aus diesem Wald.

Das Spiel des Wortes

In Griechenland ist der Weise ein Faustkämpfer, stets auf der Hut vor tödlichen Attacken und auch in seinen Träumen heimgesucht von Monstren und Kriegern, ein Kämpfer, der schließlich mit maßvollen, scheinbar gütigen und friedfertigen Gesten, mit gelösten Bewegungen des Körpers aus einem wilden Kampfesgetümmel, aus den Fallstricken der Götter heraustritt. Nach dem Kampf gehen ihm die Worte mit ruhigem Gleichmut von der Zunge, ohne Schwanken.

Eine Mahnung an den, der gegen den Strom schwimmt

Schopenhauer, der das europäische Denken entprovinzialisiert hat, sticht bereits dadurch hervor, wie er die Bühne des Lebens betritt, durch die äußeren Umstände seines Bildungsgangs. Geboren mit dem *pathos* der Wahrheit, ein bis zum Pathologischen und Manischen unabhängiger Geist, muß er schon als Heranwachsender über sein Leben entscheiden. Ehe er sich den Büchern zuwendet, hat er bereits Menschen, Dinge und Länder erkundet. Das spekulative Talent bricht bei ihm in frühester Jugend hervor, und eine Originalität im guten Sinne macht sich unmittelbar geltend, gegen die Regeln der harten philosophischen Konkurrenz. Voller Ungeduld, kann er die Langeweile einer ausgedehnten und pedantischen Studienzeit nicht ertragen; deshalb wird er nicht von der humanistischen und philologischen Spezialisierung gezeichnet (wie es Nietzsche hingegen widerfahren wird). Als Autodidakt und in gewissem Sinne Dilettant steht er den überlieferten, scholastischen Lehrmeinungen in Freiheit gegenüber. Die gelehrte und vermittelte Geschichte bleibt ihm fremd; im Verhältnis zur Tradition der Vergangenheit ist er das Vorbild Burckhardts: er schöpft unmittelbar aus den Quellen. Doch nahm er Schaden durch die frühzeitige und ungestüme Entwicklung seines originalen Genius. In der Eile, die ihn trieb, sein Gebäude zu errichten, mußte er die Ecksteine gleichsam auf gut Glück wählen. Eine logische Disziplin fehlt: seine Theorie der Erkenntnis ist mit weitsichtiger Heiterkeit aufgebaut, ruht aber nicht immer auf edelstem Material. Nach der Zeit einer großen und flüchtigen Blüte ist es der Mythos der absoluten, unveränderlichen Wahrheit, der seine Entwicklung blockiert. Das, was mit großer Intensität geschaut und gedacht worden ist, kann sich, darf sich nicht ändern. So verschloß er sich später, im reifen Alter, die Möglichkeit, den schwachen Punkten seines Gedankensystems konsequent – Zeit blieb ihm ja genug – auf den Grund zu gehen, also sich zu erneuern, sich zu bereichern, sich zu erleichtern, kurz, über sich selbst zu lachen.

Neid als Tugend

Schopenhauer besitzt eine Natürlichkeit, die verblüfft bei einem modernen Denker, wo uns vor allen anderen Dingen die Heuchelei entgegentritt. Er kehrt die verletzenden, bisweilen abstoßenden Seiten seines Temperaments heraus. Er kennt keine Selbstkontrolle, es sei denn in Fragen des Stils. Jede Gelegenheit ist ihm recht, den Leser zum Teufel zu schicken und ihm übel mitzuspielen; in seinem Schreiben liegt stets das persönliche *pathos* im Hinterhalt. Beim Lesen seiner sanguinischen Prosa entdeckt der gebildete Europäer, daß der Philosoph nicht immer Fischblut in den Adern hat, nicht immer ein langweiliger Pedant ist. Er hat ein schroffes, aggressives, mißgünstiges und reizbares Temperament. Er ist ein ausgesprochener Geizkragen, und nicht nur was das Geld betrifft. Sein Adlerauge hat es vermocht, unterhalb der Erscheinungen die Verflechtungen des Lebens zu erkennen: und eben dieses Schauspiel möchte er den anderen vorenthalten, er erwähnt es nur, um von allen zu fordern, daß sie es als seine ausschließliche Domäne anerkennen. Vulgäres Verlangen, gepaart mit sublimem Verstand: das kommt in seiner Philosophie zum Ausdruck. Er erwartete sich vom Leben irgendetwas anderes, die Beute eines Räubers, das unbändige Vergnügen eines Tyrannen, etwas, worauf er allzu früh verzichten mußte. Er sah sich enttäuscht, aber nicht wegen der banalen Ohnmacht eines Büchermenschen. Als Knabe und in jungen Jahren erhoffte und erwartete er sich viel von Goethe; doch erhielt er von ihm nur eine knappe Notiz, eisig und hoheitsvoll, die Zustimmung und Aufmunterung andeutete: er verbarg seine Enttäuschung. Trost kam ihm eher vom Mythos der Literatur als aus einer übervollen, selbstgenügsamen Innerlichkeit: so erhob er die Einsamkeit des Genies und den ausschließlichen Besitz der Wahrheit zur Theorie und, lächerlicher noch, den Ruhm der Nachwelt fast zu einer metaphysischen Gerechtigkeit. Er war ein Gefangener dieser Begriffe. Was man Schopenhauer am leichtesten verzeiht, ist seine kindliche Seite (während er selbst doch als Zyniker erscheinen möchte, besonders den Frauen gegenüber). Gewisse polemische Akzente, grelle Schreie sogar, wenn der Zorn, der ihm gleichsam den Atem raubt, seine Feder um so gewandter macht, sind in der Tat wie die Ausbrüche kindlicher Wut. Seine Eitelkeit im Alter dagegen schwelgt glücklich noch in den albernsten Lobsprüchen, den Schwärmereien der ersten Schüler, ohne sich im geringsten darum zu kümmern, aus wessen Munde sie stammen.

Platons Askese

Die psychologische Waffe Nietzsches bei der geschichtlichen Interpretation verfehlt bisweilen das Ziel, etwa wenn er gewisse vorgefaßte Ideen mit unmaßgeblichen historischen Quellen zu stützen sucht. So geschieht es ihm, daß er an Platon eine Vorliebe für das asketische Leben tadelt. Das scheint unbegreiflich, wenn man bedenkt, daß Platon einer der wenigen Philosophen ist, die Nietzsche ausführlich gelesen hat (und er hatte bei ihm ein Gespür für viele Dinge, die noch keiner vorher entdeckt hatte). Gewiß war Platon ein Tyrann, der anderen gern ein asketisches Leben auferlegt hätte. Aber er selbst? Ihn hat der Dämon der Gier und des inneren Rausches in Besitz. Eine hemmungslose und unersättliche Lebensgier trieb ihn bis zum Verlust jeglicher Würde (man stelle ihn sich vor, wie er vom jungen Dionysius in Syrakus zurückgehalten und gedemütigt wurde). Die orphische Komödie, die im *Phaidon* gespielt wird, und andere Szenen mit rhetorischer Absicht dürfen da nicht täuschen.

Montaigne als Zuflucht

Wer in krankhafter Weise dem philosophischen *pathos* des Staunens, des Grauens, des rückwärts gewandten Schwindels ausgesetzt ist, weil der Abgrund der Vergangenheit ihn anzieht, gerät bisweilen, neugierig geworden, in den Bann einer entgegengesetzten Veranlagung – ihn fesselt die Haltung des Weltmanns zur Philosophie, etwa die Montaignes. So ging es auch Nietzsche, der ein wirklicher Bewunderer Montaignes war. In seinem Fall ist die »kritische« Betrachtung der Geschichte nicht Sache eines Mannes der Tat, sondern eines Kontemplativen, der sich als Weltmann gibt, manchmal mit einem Blick voll überlegener Nachsicht für die bunten Strudel der menschlichen Gedanken, voll ernüchterten Hochmuts. Diese Verhaltensweise, die bei Montaigne, der über die Dinge hinwegfliegt, natürlich erscheint, gewinnt bei Nietzsche hingegen fast zwanghafte Züge. Bemerkenswert ist immerhin, daß bei beiden die Erörterung just dem Leitfaden der historischen Kasuistik folgt: man befreit sich vom quälenden Stachel der Geschichte mit einer arroganten Unterschätzung.

Vorbereitung der Bühne

In welchem Maße Nietzsche schon im Innersten seines Herzens ein Komödiant sein wollte, ersieht man aus seinen Heften, wo er mit Vorliebe Titelblätter für künftige Bücher entwarf (für die, welche er dann schrieb, und für viele andere, die er nicht schrieb) und in Schönschrift Titel und Untertitel verzeichnete. Der Schauspieler bereitet den äußeren Rahmen der künftigen Aufführung vor: dieses Ritual begünstigt seine Identifikation.

Kritik der Tendenz zum System

Die Vernunft ist zuerst eine gemeinschaftliche Rede, eine Diskussion, die vor einem ausgewählten Kollektiv eine verborgene, innere Erfahrung in bindende Worte übersetzt. Dann erweitert sich das Publikum, und einer allein tritt vor es hin, um zu sprechen, zu überreden, um das Unbekannte ans Licht zu bringen. Das ist die rhetorische Rede, die rhetorische Vernunft, deren bindende Wirkung sich mit der emotionalen vermischt. Ein weiterer Schritt, und die rhetorische Rede findet eine geschriebene Form; das Publikum hört den Worten nicht mehr zu, sondern liest sie, es ist nicht mehr betroffen vom persönlichen *pathos*, von der Magie des Rhetors. Diese Schrift ist unter dem Namen »Philosophie« bekannt, und anfangs bewahrte sie, wenn auch geschwächt, das emotionale Moment. Doch abermals ein Schritt, es ist der letzte, und die Emotionalität löst sich gänzlich auf. Ist der Kontakt mit der verborgenen Erfahrung verloren, so muß die geschriebene Rede einen Halt in sich selber finden, und die Schwingung des lebendigen Wortes unterliegt nun keiner Kontrolle mehr – die ein Zuwachs an Realität wäre –, weder im Gedanken eines Diskutierenden noch in der Emotion eines Zuhörenden. Die vielen Bedeutungen eines Wortes müssen auf eine einzige reduziert werden, und tyrannisch zwingt eine Vernunft ihre Fessel auf, welche allein, unüberprüft, demjenigen angehört, der schreibt. Als einziger, zudem trügerischer Schatten jenes Gemeinschaftswerkes, dem die Vernunft sich verdankt, bleibt nun, da jede Emotion erloschen ist, der systematische Geist übrig. So erhebt sich das Gebäude, das ein eigenmächtiger Baumeister errichtet hat, mit Worten, denen nur eine einzige Bedeutung verliehen wurde und die von einer Ordnung, einer Notwendigkeit zusammengehalten werden, welche allein ein anmaßender Gesetzgeber sanktioniert hat. Das »System« bleibt als Surrogat all dessen zurück, was bei den früheren Veränderungen verlorenging; es bildet den Überrest einer gewissen Rhetorik, die der Emotionalität beraubt ist, vertrocknet und pedantisch geworden in dem erbitterten Willen, eine verlorene Vernunft am Leben zu erhalten. Besser als jeder andere hat Nietzsche die Illusionen und Anmaßungen der systematischen Philosophie zu verhöhnen gewußt; da er jedoch selber der Fata Morgana einer Philosophie als Rhetorik erlegen war, hat er es nicht verstanden, über eine Wiedergewinnung ihrer ursprünglichen und emotionalen Phase hinauszugehen. Allzu rasch und aus einem Mangel an Tiefe hat er jede Metaphysik und die Dialektik überhaupt verdammt, ohne zu ahnen, daß ihr Ursprung in einer Sphäre liegt, die alle Rhetorik überragt und die von einem rhetorischen Standpunkt aus nicht zum Einsturz zu bringen ist.

»Können« und »Wollen«

Nietzsche braucht keine Interpreten. Von sich und seinen Ideen hat er selber gesprochen, zur Genüge und in der allerklarsten Weise. Es geht nur darum, gut zuzuhören, ohne Zwischenträger. Die Grundbedingung dafür ist offenbar, daß man ihn verstehen »kann«, doch darf eine weitere Bedingung nicht außer acht gelassen werden – seine Rede ist ja meist exoterisch –, daß man ihn nämlich verstehen »will«.

Wie man Philosoph wird

Frühzeitig die eigenen Lehrer auswählen (das Gespür muß angeboren sein) – und nur wenige. Ihnen auf den Leib rücken, sie ausquetschen, sie ausnehmen, sie peinigen, sie bis ins einzelne zerlegen und wieder zusammensetzen, ohne sich den schmeichelhaften Ruf der Vielwisserei zuzuziehen. Ein Bergmann, seiner Grube treu: das ist das düstere Gesicht des Philosophen. Schopenhauer hat dieses Rezept gekannt: Nietzsche nicht, aber er hat es verstanden, in Schopenhauer zu graben.

Das Bedürfnis zu reden

Der Besitz einer mystischen Erkenntnis entbindet von jedem Drang zur Selbstoffenbarung: überhaupt scheint das Gewebe des Ausdrucks zerrissen (denn die

Individuation ist nicht länger am Werk). Bald aber verknüpfen sich die Fäden wieder, und die Person will das Gesehene bewahren, will es sagen. So drängt sich eine Rückkehr zum Wort auf und bisweilen sogar eine exoterisch erneuerte Darstellungsweise. Der stilistische Bruch mit den überlieferten Ausdrucksformen der Philosophie, wie ihn gewisse Denker vollziehen, ist Widerhall einer außergewöhnlichen Eroberung im Bereich der Erkenntnis. So bei Nietzsche. Jede Tradition wird verworfen, weil der Gegenstand der Mitteilung unerhört ist.

Gedanken ohne Eile

Manche Paradoxa Nietzsches überwältigen uns wie ein Blitzstrahl – haben sie sich aber dann gesetzt und bleiben ohne Resonanz, so büßen sie bald ihre Kraft ein. So die Behauptung, daß der Verstand älter zu sein scheint als das Gefühl, oder die analoge, daß die Anschauung bedingt ist durch Begriffe. Um in diesen Fällen die Explosion auszulösen, müßte das Blitzen in ein ungemein ausgedehntes diskursives und deduktives Geflecht eingesenkt werden. Viele Gedanken Nietzsches warten auf diese Entfaltung.

Theorie des Willens

Nietzsche hat recht, wenn er behauptet, daß ein Gedanke mir kommt, wenn *er* will und nicht wenn *ich* will; aber er hat unrecht, wenn er behauptet, daß das Handeln alles ist und daß der Handelnde bloß erfunden, nur nachträglich vom Handeln abgezogen ist. Im Gewebe des Bewußtseins gibt es kein reines, absolutes Subjekt, weder als Substanz noch als Form, noch als Synthese; ein empirisches Subjekt jedoch ist eine Wirklichkeit der Erscheinung, eine Gruppierung von Vorstellungen, die als Gesamtkomplex unter anderem eine gewisse Beständigkeit aufweist. An sich ist die Handlung eine Bewegung, eine Vorstellungsreihe, die gänzlich in Bewußtseinsbestimmungen aufgeht; was sie von den anderen raum-zeitlichen Vorstellungen unterscheidet, ist ihre Lokalisierung in einem empirischen Subjekt, oder genauer: es ist die Tatsache, daß die Vorstellungsreihe, die die Bewegung ausmacht, mit der Vorstellungsgruppe, die das empirische Subjekt bildet, in Beziehung steht, und zwar in dem Sinn, daß man jene Reihe, innerhalb der allgemeinen Verknüpfung der Erscheinung, als von dieser Gruppe abhängig denkt. Das bedeutet, daß wir uns das empirische Subjekt als Ursache der Bewegung vorstellen; das Ineinandergreifen des Mechanismus wird von einer oder mehreren Vorstellungen gewährleistet, die der Sphäre des empirischen Subjekts angehören und die wir Motive nennen. Die offenkundige Heterogenität zwischen diesen letzteren, bei denen es sich um abstrakte und innerliche Vorstellungen handelt, und den raum-zeitlichen Vorstellungen der Bewegung, die als Wirkung der Motive gedacht werden sollen, verlangt implizit – da sie mit Unbehagen, gleichsam als Lücke, als Unterbrechung im allgemeinen Vorstellungsnetz empfunden wird – eine Integration, die der Notwendigkeit eines die Vorstellungen durchgängig verknüpfenden Bandes (worin das Gesetz der Erscheinung besteht) gerecht würde. Oder sie suggeriert, als Kontrast und als Ausgleich, das Scheinwesen des Willensaktes, welches das Verständnis jenes Kausalnexus erleichtern soll.

Wenn es möglich wäre, das Vorstellungsgewebe in seiner Vollständigkeit zu rekonstruieren, dann wäre der Deus ex machina des Willensaktes nicht erforderlich. Aber das ist unmöglich, nicht nur weil die Verbindung zwischen Motiv und Bewegung im Dunkeln bleibt, sondern mehr noch weil der Kausalmechanismus des Individuums an seinem anderen Extrem es verhindert: dort nämlich, wo die Bedingungen festzustellen wären, die das empirische Subjekt hervorbringen. Die Vorstellungsketten, die zum Entstehen des Individuums führen, liegen nicht auf der gleichen Linie wie die äußeren Wirkungen des Individuums selbst, wie seine Handlungen. Im Gegenteil, die ersteren entfalten sich wie konzentrische und zentripetale Strahlen, während die letzteren, nachdem sich die plastische Beständigkeit konstituiert hat, sich durch einen Bruch in der Bewegungsrichtung, ein Zurückprallen, eine Umkehrung, eine Strahlung nach draußen entwickeln. Im Zentrum der Ausstrahlung verwirren sich die Linien, die Richtung des Rückpralls geht verloren. Dieser Bruch verhindert die durchgängige Rekonstruktion des Kausalmechanismus, so daß ein weiteres Scheinwesen, der Wille, als Ursprung und erste Ursache des gesamten Phänomens der Handlung postuliert wird. Aber das empirische Subjekt ist eine instabile Verbindung, es ist keine Substanz, der ein Vermögen, der Wille, innewohnen könnte. Dieser füllt die Lücke in der Erkenntnis der Bedingungen, denen sich das Individuum verdankt, so wie der Willensakt die Verbindung zwischen Motiv und Bewegung zu stabilisieren sucht, ja selbst der Begriff der Handlung nur die Beziehung zwischen zwei offensichtlich heterogenen Vorstellungsreihen vereinfacht. Also hat Nietzsche unrecht, wenn er behauptet, daß die Handlung alles ist: in der Sphäre der Handlung ist der einzig wirkliche Gegenstand (als Vorstellung, wohlverstanden) der Handelnde, das empirische Individuum.

Die Literatur ersetzt das Leben

Nietzsche ist den Spuren Schopenhauers auch in dem gefolgt, was von einem Philosophen, im täglichen Leben, als erstes zu verlangen ist. Schopenhauers Ziel war das Schreiben, ein Ziel, welches im Leben des Einsamen einem positiven Glück am nächsten kommt (und niemals hat ihn die trügerische Hoffnung auf die Wirksamkeit der Schrift verlassen). Nietzsche hatte eine glühendere Phantasie, er wußte den Wert einer Tat, die über Papier und Tintenfaß hinausgeht, zu schätzen – und doch gewahrte er nur selten die Dürftigkeit des literarischen Tuns. Durch seine verfrühte und unumstößliche Entscheidung versperrte er sich jeden anderen Ausdruck, schloß er seine Person in einen Bannkreis ein. Der Psychologe, der die Zwecke und die Triebfedern des Handelns erriet, sah nur verschwommen die Dinge, die ihm am nächsten waren, und erlag, was die eigenen Handlungsmöglichkeiten betraf, einem Irrtum. Sein Ehrgeiz, seine Arroganz waren eine äußerste Bescheidenheit, eine Unterschätzung seiner selbst.

Der Fuchs und die Trauben

Die systematischen, dogmatischen und optimistischen Ansprüche der Vernunft zu Fall zu bringen, den Hochmut der Wissenschaft zu brechen: das ist alles gut und richtig – nicht ausgeschlossen auch, auf diesem Wege über Nietzsche hinauszugehen –, aber es bleibt nur eine negative Prämisse. Die wichtigsten Fragen stehen noch aus: wie hat es zu alldem kommen können; was wäre demgegenüber ein angemessener Gebrauch der Vernunft; und welche Bedeutung käme einer authentischen Vernunft zu? Die geschichtliche Antwort darf nicht in der Richtung Nietzsches, auf den Spuren eines moralischen Ursprungs gesucht werden. Zu klären ist vielmehr die theoretische Genese: all das war möglich durch eine Ablenkung des Erkenntnisimpulses, die sich in Griechenland ereignet hat. Läßt man aber diesen geschichtlichen Zwischenfall beiseite, dann wird der Blick wieder frei auf die Vernunft als kosmologisches Element, als grundlegend für die Welt – als deren extreme plastische Gestalt, als die am weitesten getriebene abstrakte Widerspiegelung der Wurzel des Lebens und als Endglied des Lebens selber. Die ältesten Griechen waren zu einem großen Ergebnis gelangt, zur Entdeckung des authentischen *logos*. Deshalb muß das leere Reden gegen die Vernunft aus dem Munde dessen zurückgewiesen werden, der ihre Geburt nicht erahnt hat, ihr nicht auf ihren verschlungenen Wegen gefolgt ist, der nicht entdeckt hat, daß von ihr die Sinnenwelt, die uns umgibt, zu hinfälliger Konsistenz modelliert und zu sichtbarer Ordnung verknüpft wird. Dieses Geschwätz beweist eine ungenügende Erforschung des Lebens, und oft weckt es die

Erinnerung an die Worte jenes Fuchses, dem die Trauben zu hoch hingen.

Die Tyrannen sind langweilig

Nietzsche hat sich über die sogenannte philosophische Disziplin lustig gemacht, hat dem, der nicht blind ist, gezeigt, daß der Buckel, den man sich beim Studium der Philosophen holt, noch keinen Philosophen macht, ja ihn eher verhindert. Wie weit reicht aber diese befreiende Ironie? Wenn man die Weisheit zum Ziel hat, kann man alle Bücher wegwerfen, nicht jedoch, wenn es um die Philosophie geht. Und Nietzsche las ja übrigens viel, trotz seiner gegenteiligen Ermahnungen; er las zu viel. Kaum überzeugender ist auch sein Kunstgriff, die Bücher der Philosophen zu meiden und sich statt dessen denen der Biologen, der Historiker und der Literaten zuzuwenden. Oder den Zeugnissen über Männer der Tat. Das war eine Anmaßung, vielleicht eine Flucht, jedenfalls eine Verirrung. Wer von oben herabblicken will, darf dem direkten Zusammentreffen mit den »Tyrannen des Geistes« nicht ausweichen. Man muß die Langeweile ertragen und die List mit einer hartnäckigen Geduld verbinden. Aus diesem Zusammentreffen entspringt eine Diskussion, ein Wettstreit auf viele Jahre. Nietzsche verweigerte sich, und sein Urteil blieb schwankend, launenhaft. Ihm fehlte die Sicherheit, die theoretische Klarheit.

Der Unzeitgemäße wird zeitgemäß

Nietzsche streitet mit Sokrates, als wäre dieser lebendig, als sähe er ihn vor sich. Darin liegt die große Faszination, die er als Unzeitgemäßer ausübt. Außerhalb der Zeit zu sein, aber das Vergangene nahe zu bringen, das Abwesende als anwesend zu behandeln. Das gebot ihm auch seine literarische Berufung: er verstand es, die abstraktesten Gegenstände in einem lebendigen und erregenden Licht zu zeigen. Das Kunststück gelang nicht immer: um ständig ein angenommenes Publikum in Atem zu halten, muß er dem Gegenwärtigen, dem Zeitgenössischen zu viel Aufmerksamkeit widmen, so daß sein Unzeitgemäßes sich oft in übertrieben Zeitgemäßes verkehrt. Verblüfft registrieren wir gewisse Kundgebungen seines Enthusiasmus und verärgert viele seiner Attacken – die einen wie die anderen ausgelöst von Werken und Autoren seiner Zeit, die wir sofort als mittelmäßig erkennen. Diese Aktualität ist am nächsten Tag bereits schal. Es wäre besser für ihn gewesen, jeden Morgen die »Times« zu lesen, wie Schopenhauer es getan hatte, auf der Suche nach der menschlichen Natur. Er hätte lebendigeres Material gefunden.

Zwei Stile

Der philosophische Stil Nietzsches ist demjenigen Kants entgegengesetzt. Er ist das Ergebnis einer mühsamen Durchbildung, wie sich an Nietzsches Arbeitsheften zeigen läßt. Den Ausgang bildet häufig ein

Schema, eine blutleere Abstraktion: diese Leichname sucht der Schriftsteller mit der Magie des Wortes, durch vielfältige, hartnäckige Wiederbelebungsversuche zu beseelen. Am Ende kristallisiert sich der Ausdruck, wie im ersten Wurf, geschliffen und knapp. Kant bringt dagegen das beschwerliche Vorgehen des Verstandes selber zu Papier, mit allen Abirrungen, Unsicherheiten und variierenden Wiederholungen bei der Suche nach größerer Klarheit, vorab des Gedankens und dann erst der Darstellung. Aber es liegt gar nichts daran, den verschlungenen Wegen zu folgen, auf denen der Verstand eines empirischen Individuums zu bestimmten Ergebnissen gelangt. Der Stil muß die besondere Bedingtheit und das faktische Prozedieren des reflektierenden Individuums tilgen. Der Gedanke muß auftreten, ohne daß ihm die Weise, in der er erobert worden ist, noch anhaftet: als eine Wirklichkeit für sich, die nichts Persönliches hat.

Büchermensch und Tatmensch

Das Werk Nietzsches läßt nur allzuoft die Bewunderung durchblicken, die der Büchermensch für den Tatmenschen hegt. Aber der Tatmensch kennt keine Bewunderung für den Büchermenschen, was immer der Inhalt der Bücher sei. Beurteilt man die Begegnung von Erfurt mit kühler Gelassenheit, so bemerkt man viel Überheblichkeit in der Wertschätzung Napoleons für Goethe.

Der Bann der Geschichte

Jede historische Perspektive ist eine verzerrende Linse. Wer einem Vorfall, einem Gegenstand oder einem Begriff der geschichtlichen Welt eine autonome Bedeutung, einen absoluten Wert zumißt, ist Gefangener der Illusion.

Nietzsche hat es nicht vermocht, sich dieser Erkenntnis ganz zu überlassen: obwohl er sich dunkel mit ihr herumschlug, obwohl er in seiner Jugend den Antihistorismus auf den Begriff gebracht hatte und obwohl er andere Räume ahnte, äußere wie innere – es ist ihm nie gelungen, sich aus dem Bann der Geschichte zu lösen.

In der Tiefe ändert sich nichts, gibt es kein Werden. Aber selbst der, der das Abendland vom Mythos der Geschichte befreit hat, Schopenhauer, war der Fata Morgana erlegen: der Anmaßung, das Wesen der Dinge, ihren Kern verändern zu können. Denn das ist der Sinn, der auch der »Verneinung des Willens zu leben« noch innewohnt. Mit mehr Widerhall hatte schon Buddha eine solche Vermessenheit proklamiert – dort überdies, wo die Unantastbarkeit des Lebensquells universale Weisheit war –, so daß die Jünger des »großen Fahrzeugs« später diesen ungebührlichen Vorrang des Handelns gegenüber dem Erkennen zu korrigieren suchten. Dabei hatte sich das Wort Buddhas gerade dank einer illusionistischen Umkehrung durchgesetzt, indem es nämlich den absoluten Primat des Erkennens über das Handeln verkündete.

Bei Nietzsche ist das wahre Verhältnis auf den Kopf gestellt. Eine Erkenntnis, die sich nicht in Handlung übersetzt, ist zu verwerfen. Was zählt, ist, den Weltlauf zu ändern. Aber die Welt kennt keinerlei Lauf! Das Individuum, der Wille, die Tat und die Geschichte sind bunte Muster, gewoben von Magie. Freilich, mit der Weise seiner Erkenntnis wird auch der Mensch sich verändern, sich »entwickeln« und schließlich untergehen: aber der Mensch ist in all diesen Veränderungen nur die Erscheinung eines Unergründlichen.

DER GOTT, DER VON FERNE TRIFFT

Die Rede des Wahnsinns

Die Wahl des Paares Apollo und Dionysos ist entscheidend, ihre Entgegensetzung aber ist irreführend. In Wirklichkeit verbindet im Delphischen Kult eine gemeinsame Wurzel die beiden Götter; ihr menschlicher Abglanz ist die *mania*, die Nietzsche allein bei Dionysos zu finden glaubt, zudem in verdünnter Form, als »Rausch«. Aber *mania* ist mehr als Rausch, sie ist der einzig authentische Zugang zur Gottheit, mit dem der Mensch die eigene Individuation auslöscht. Über diesen religiösen Zusammenhang, seine Symbolik und seine klare Rangordnung belehrt uns Platon im *Phaidros* mit einer Rede über den Wahnsinn. »Mantik« leitet sich von »Manie« her, etymologisch (damit stimmen die Modernen überein) und dem Wesen nach, so daß die Wahrsagekunst, der Gipfel des Apollo-Kultes, vom Wahnsinn abstammt. In enger Verbindung zu dieser apollinischen *mania* – und überdies, wenigstens nach dem Hinweis Platons, in untergeordneter Postition – steht die dionysische *mania* des Orgiasmus und der Mysterien. Daß die Begeisterung, die Raserei, der Rausch, die Überwindung des Individuums, seiner Urteile und seiner Lügen, die höchste Manifestation Apollos bilden, das hatte auch Heraklit erklärt: »Die Sibylle redet, durch den Gott, mit rasendem Mund Dinge ohne Lachen, ohne Schmuck, ohne Salbenduft.«

Apollos Pfeil

Es gibt einen grundlegenden Aspekt Apollos, von dem die Lehre Nietzsches nichts erkennen läßt: derjenige des schrecklichen, pfeileschleudernden, unvorhersehbaren, fernen, rachsüchtigen und niederschmetternden Gottes, des wilden Beherrschers und Vernichters der Wölfe. So läßt ihn Homer am Beginn der *Ilias* auftreten: »Furchtbar erhob sich das Tosen des silbernen Bogens.« Den Lyriker mit dem donnernden Bogen, den Asiaten, hat Nietzsche ebensowenig wahrgenommen wie den ekstatischen Hyperboreer, den Schamanen, der von Pythagoras verehrt wurde. Der sonnenhafte Aspekt, das Strahlen des Lichts, der Glanz der Kunst – ein vielleicht erst nachträglich ausgebildeter Charakter Apollos – ist von Nietzsche in den Vordergrund gestellt worden. Auf diese Weise ist ihm einmal, nämlich im Hinblick auf die Besessenheit und das mystische Ergriffensein, der vitale Zusammenhang zwischen Apollo und Dionysos entgangen und zum anderen, was den Streit, die Herausforderung, die Tücke und das Rätsel betrifft, die Verbindung zwischen dem apollinischen Ursprung und dem Aufblühen des *logos,* dieser obersten Waffe der Gewalt, dieses tödlichsten Pfeiles, der vom Bogen des Lebens geschnellt ist.

Divination und Herausforderung

Welches ist das Geheimnis, das in Delphi bewahrt wurde, welcher Bedeutung verdankt dieser Ort seine Stellung als höchstes Symbol Griechenlands, als panhellenische Einrichtung par excellence? Ein Bescheid von einem Menschen an die Menschen, ein Rätsel über das Rätsel weist uns den Weg – in den Worten Heraklits: »Der Herr, dem das Orakel in Delphi gehört, sagt nicht und verbirgt nicht, sondern deutet an.« Auf diesen Gott geht die Divination zurück, und so heißt es im Platonischen *Symposion:* »Die Mantik erfand Apollo.« Was ist damit gemeint, welches andere Volk hat der Wahrsagekunst einen so hohen Rang eingeräumt? Für die Griechen ist das Leben der Menschen eine Erscheinung des Lebens der Götter. In der Zeit, mit der Ungewißheit der Zukunft, durch untaugliche, undeutliche Fragmente drückt unsere Welt dasjenige aus, was die Götter in vollständiger Weise sind, ohne Werden, von Anfang an. Es gibt eine verborgene Welt, eine Welt, deren Widerschein die unsrige bildet, das ist die griechische Einsicht: dort wohnen die Götter. Und Apollo ist das subtilste, farbenreichste Symbol für diese göttliche Existenz gegenüber der menschlichen und im Verhältnis zu ihr: er schenkt den Menschen den Blick in die Zukunft, erzählt ihnen ihr künftiges Leben, auf dem sein göttliches Auge ruht. Die Zukunft liegt also schon ganz im Vergangenen, und die Zeit betrifft nur noch die Ordnung, in der sie sich offenbart. Das ist die Formel für den antihistorischen Impuls der Griechen. Diese metaphysische Beziehung zwischen Gott und Mensch wird dann, wenn jener diesem sich mitteilt, zu einer intellektuellen Herausforderung: Ausdruck dessen ist das Orakel. Der innere Sinn der Weissagung erschließt und erklärt sich aus der »Form«, die das Orakel annimmt, aus den Worten seines Spruchs. Und diese Worte gibt der Gott als Rätsel. Aber bedürfte es denn eines Rätsels, wenn beides, die zu enthüllenden Dinge und das normale Gewebe des menschlichen Lebens, homogen wäre? Homogen sind die vergangenen und zukünftigen Schicksale des Menschen. Die Form des Rätsels will dagegen einen Sprung »andeuten«, eine unaufhebbare Wesensverschiedenheit zwischen dem, was dem Gott, der Wurzel von Vergangenheit und Zukunft, angehört, und dem Leben, wie es dem Menschen mit seinen Gestalten, seinen Farben und seinen Worten eigen ist. Die Zweideutigkeit Apollos drückt den Abstand zwischen Gott und Mensch aus, ihre Unvergleichbarkeit. Das Rätsel lastet auf dem Menschen, es erlegt ihm ein tödliches Risiko auf (das Geschoß Apollos!). Sein Verstand kann ihn retten, deutet er nur die Worte des Gottes richtig. Die vom Gott offenbarte Erkenntnis der Zukunft darf aber nicht zum Hochmut verleiten, zu der Anmaßung des Wissens, es könne über die Dinge verfügen. Denn die Anspielung des Gottes meint nicht, daß eine eiserne Notwendigkeit die Dinge verknüpft, die es dem menschlichen Verstand erlaubte, sie in allen Entwicklungen zu beherrschen (Selbstüberschätzung der Vernunft). Im Gegenteil, die Andeutung, die Heraklit im

Rätsel über das Rätsel gibt, ist rückwärts gewandt, zur Vergangenheit hin, zu dem Gott, der im Rätsel den Menschen zu sich zurückruft, ihm den radikalen Bruch der Welt zu Bewußtsein bringt und den Weg zeigt, der aus dem Schein hinausführt.

Die Vernunft entspringt aus der Ekstase

Platon schlägt im *Timaios* eine erhellende Unterscheidung vor zwischen dem »mantischen« Menschen, dem Seher, der, des Bewußtseins beraubt und von Gott überwältigt, in seinem apollinischen Wahnsinn unfähig ist, seine Visionen und Worte zu beurteilen, und dem »Propheten«, der die göttlichen Rätsel auslegt und den Sprüchen und Bildern des Orakels einen Sinn gibt. Mit der Sphäre des Rätsels, mit der Formel Apollos, die sich an den Verstand wendet, kommt, in einem vereinigenden Symbol, der Wahnsinn zum Ende, und es beginnt die Deutung, der *logos*. Die Individuen aber sind vereinzelt. Die Ekstase ist nicht Erkenntnis und das Rätsel nicht Sache des Rasenden: der Gott ist nicht der Mensch.

Eine Aktion auf Distanz

Die Epitheta Apollos: »der weit, von weit her schleudert, trifft«, »der von ferne wirkt«, spielen auf eine indirekte – durch den Pfeil vermittelte –, eine in sich verzögerte und auf Distanz wirkende Aktion an. Ursprünglich erinnern sie an den Schrecken, das Unvorhersehbare, die Zweideutigkeit, das Geheimnisvolle, Unnatürliche und Unmenschliche, an die unerfindlichen Winkelzüge des göttlichen Handelns. Der Pfeil aber ist Symbol des Wortes, das im Orakel und im Rätsel als tödliche Herausforderung erscheint. Später verfeinert sich die Waffe Apollos und zeigt sich in der Verknüpfung der Worte, im *logos,* was schon daraus hervorgeht, daß den genannten Epitheta in der pythagoreischen Tradition die Zahl Drei und die Zahl Neun als Bedeutung beigelegt werden, rationale Gebilde, abstrakte Wesenheiten von dunkler Macht.

Die verhängnisvolle Chiffre

Apollo, der Gott der raffinierten Gewalt, »zerstört vollständig«, wie sein Name sagt, durch die bewegliche und luftige Natur des Pfeils und des Wortes. Der Bogen ist das Werkzeug des Todes aus der Ferne: wer damit tötet, packt den Gegner nicht mit den Händen. Es ist eine orientalische Waffe, und noch Nietzsche bestimmt als die Tugend der Perser: »Wahrheit reden und gut mit Pfeilen schießen«, und stellt damit die aufgeschobene Gewalt dem Wissen und Sagen an die Seite. Das Bewußtsein, daß die Gewalt dort, wo sie die äußerste Spitze erreicht und mit Hinterlist ihre verheerende Wirkung entfaltet – nämlich als abstrakteste, vom sichtbaren Tun am weitesten entfernte, indirekteste und verdeckteste –, ein Produkt des Denkens ist, drückt sich implizit in der Gestalt Apollos aus. Ihm gegenüber repräsentiert Ares die brutale, unmittelbare physische Gewalt. Das Bild von Ares schwingt mächtig in dem *pathos* mit, das den *Sieben gegen Theben* zugrunde liegt; dasjenige Apollos bildet den stillen, für uns ungreifbaren Hintergrund der zenonischen *logoi*. Und will man in einem Symbol, einer plastischen Abbreviatur das Wissen, das der Grieche vom Leben hat, zusammenfassen, so bietet der wütende Ares ein weit beschränkteres und unangemesseneres Bild als Apollo: denn die Welt ist den Griechen eine abgelenkte und verwandelte Gewalt, die als Anmut, Kunst, Harmonie und flüchtiges Gewebe der Abstraktion erscheint. Apollo ist der gestaltenreichere Gott, der heimliche Herr Griechenlands, eine Figur von leuchtender Klarheit und zugleich der Gott ohne Namen, das Modell für die schillernde Weltauffassung, die sich die Griechen erobert hatten. Heraklit nennt ihn nicht, deutet jedoch, abermals mit einem Rätsel, eine Lösung des Rätsels seiner Erscheinung an: »Des Bogens Name ist Leben, sein Werk aber Tod.« In der griechischen Sprache hat das Attribut Apollos, »Bogen«, denselben Klang wie »Leben«. Die Gewalt ist das Leben: das Ergebnis ist die Vernichtung. Doch Apollo ist die Gewalt, die als Schönheit erscheint. Darauf spielt ein weiteres Rätsel Heraklits an: »Widerstreitende Harmonie wie die des Bogens und der Lyra« – der beiden Embleme Apollos! Sie fallen in der kosmischen Vision zusammen, als Archetyp, einzige Hieroglyphe Apollos, Instrument der Anmut und des Todes. Die Skizze einer Kurve, nach der man in archaischer Zeit den Bogen und die Lyra herstellte, indem man für beide, in verschiedenen Winkeln, die Hörner eines Ziegenbocks – Tier des Dionysos! – miteinander verband, bietet uns die vereinigende Anschauung, durch die wir zum Grund des Symbols vordringen: Schönheit und Grausamkeit stammen von ein und demselben Gott, von ein und demselben Urbild. So spricht ein anderer in diese Geheimnisse Eingeweihter, Empedokles, von Apollo als der obersten Gottheit, die jeder Menschenähnlichkeit enträt: »Es erschien bloß ein heiliges und unsagbares Herz, das mit schnellen Gedanken Pfeile schleudernd durch die ganze Welt hindurchfährt.« Die Pfeile Apollos sind die Gedanken!

Ein ungerechtes Urteil

Mit der Anklage und Verurteilung der Dialektik als schuldig am griechischen Niedergang hat Nietzsche einen Justizirrtum begangen. Einen Irrtum nicht nur im Hinblick auf die Schuld, sondern auch auf den Schuldigen. Mit Recht hat Nietzsche Sokrates als Zersetzer bezeichnet, doch ist er dies nicht durch sein dialektisches Vorgehen, sondern durch seinen moralischen Rationalismus. Außerdem hatte der Niedergang vor Sokrates eingesetzt. Nietzsche hat die schwachen Seiten, die täuschenden Aspekte der Vernunft sicher erkannt, hat ihren asketischen, blutleeren, abstrakten, systematischen und dogmatischen Geist angeprangert, ist aber nicht imstande gewesen zu sehen, wie dies alles aus dem Tod der authentischen Dialektik hervorgegangen ist, den Platon und Aristoteles verschuldet haben, noch auch hat er die konstruktive Vernunft, wie sie von Platon bis zur Gegenwart im Abendland dominiert, von der destruktiven Dialektik zu unterscheiden vermocht, die mit einer kraftvoll affirmativen Sicht des Lebens einhergeht, ja bei Parmenides, Zenon und Gorgias sogar wesentlich aus ihr entspringt. Nietzsches mangelnde Einsicht, die zu dieser verzerrten Synoptik führt, besteht zum einen darin, daß er Dionysos und Apollo in ein polares Verhältnis gesetzt und sie dabei einseitig aufgefaßt hat, zum anderen aber im Fehlen einer homogenen Verbindung zwischen der dionysisch-apollinischen, mantisch-mysterienhaften Sphäre und der Dialektik. In seiner umfassenden Bedeutung, als Symbol des Erkenntnisüberschwangs, als Widerschein von etwas Verborgenem, greift Apollo nicht nur auf Dionysos über oder zeigt sich ihm wenigstens verwandt, steht mit ihm in Verbindung – Dionysos verstanden als innere Gefühlsaufwallung, überschäumend und kollektiv, als animalische Unmittelbarkeit, die das Wort nicht kennt –, sondern er ist auch der Gott der Weisheit, nicht anders als der der Kunst, und der Beschützer der pythagoreischen Gemeinde. Es gibt hier keinen Gegensatz zwischen Kunst und Erkenntnis, wie Nietzsche gern möchte, und Dionysos ist kein konkurrierender Gott der Weisheit; denn diese ist ans Wort gebunden, das Werkzeug Apollos. Der ist der Gott des Spruchs, des zweideutigen Wortes, der Weissagung, der Erkenntnis der Zukunft, und all das schickt er mit herrischer Feindseligkeit und aufreizender Streitlust auf den Weg. Die Anstiftung zur Interpretation, die Dunkelheit des Wortes als Ansporn zum Kampf, die antithetische Formulierung des Rätsels: das sind die apollinischen Elemente, die in der Dialektik fortleben werden. Der Charakter Apollos wird wieder erscheinen in dem unbarmherzigen Siegeswillen dessen, der diskutiert; und seine Gewalt wird übergehen in das Band der Notwendigkeit, welches das Argumentieren der Vernunft zusammenhält.

Ursprung der Dialektik

Wer die griechische Vernunft betrachtet, wer zu erkunden sucht, wie sie sich bildet, und zu ihren Quellen vorstößt, der entdeckt im Hintergrund, als ihre Wurzel, die Ekstase der Mysterien. Aber der Übergang von dieser zu jener bleibt dunkel; offenbar unterbricht ein qualitativer Sprung den Zusammenhang und trübt das Verständnis. Dennoch gibt es ein Bindeglied, auch wenn es aus einer wenig gesicherten Tradition erschlossen werden muß. Im sechsten, siebenten Jahrhundert, womöglich schon früher, erscheint im Umkreis der mantischen, delphischen Weltauffassung das Rätsel. Wertvolle Spuren seiner Bedeutung, seiner furchterregenden Ernsthaftigkeit und des tödlichen Risikos für den, der der Probe unterworfen wird, finden sich in der archaischen Poesie und in der Sphäre der Sieben Weisen. Kurz gesagt, im Rätsel zeigt sich der Ursprung der Vernunft. Zurückgewandt entlädt sich die pythische Begeisterung, der sich die dionysische Ekstase zur Seite stellt, im Orakelspruch: einem Rätsel; nach vorn aber, im Übergang zur vorsokratischen Zeit, tritt das Rätsel als die dunkle Quelle der Dialektik auf. Das beweist die Terminologie. Das Rätsel wird als *próblema* bezeichnet, ein Wort, das ursprünglich Hindernis meint, etwas, das vorspringt, das sich nach vorn wirft, wie ein Vorgebirge zum Beispiel.

Daraus spricht die feindliche Energie, die der Gott seinem dunklen Wort verleiht. Im klassischen Zeitalter jedoch, noch ehe der Ausdruck sich bei den mathematischen Wissenschaften durchsetzt, wird *próblema* ein Terminus technicus der Dialektik, in der Bedeutung von »Formulierung einer Untersuchung«. Ursprünglich ist *próblema* also die Formulierung eines Rätsels, dann wird es die Formulierung der dialektischen Frage, welche die Diskussion eröffnet. Und es handelt sich nicht nur um eine Homonymie: der größte Teil der Rätsel ist antithetisch formuliert, so wie auch das Kennzeichen des dialektischen *próblema* die antithetische Formulierung ist, das heißt die Aufforderung, eine der beiden widersprechenden Hypothesen zu wählen. Die übrigen Namen, die das Rätsel erhält – Untersuchung, Aporie, Befragung –, leben dann gleichfalls in der dialektischen Sphäre wieder auf.

So nimmt die Dialektik ihren Ausgang vom Rätsel: was aber begünstigt ihre Geburt? Die Wende verdankt sich einem besänftigten Blick auf das Leben. Die Grausamkeit des Gottes gegenüber dem Menschen wird, in einem bloß menschlichen Verhältnis, durch eine trügerische *philanthropia* ersetzt. Wer auf das Rätsel antwortet, sieht sich nicht mehr in tödlicher Gefahr: nicht länger besiegelt seine Antwort auf das *próblema* unmittelbar, endgültig und ausweglos sein Schicksal. Das *próblema* wird mit einer These, einer Interpretation gelöst, einer für den Augenblick als gültig akzeptierten Antwort. Indem der Frager, der die Rolle des Gottes, des boshaften Spötters Apollo verkörpert, die Diskussion lenkt, verzögert er bloß den Sieg, stellt ihn hintan. Die Grausamkeit wird zum Kalkül. Der Sieg liegt nicht mehr im trunkenen Moment der

Verhöhnung, sondern winkt erst am Schluß, wenn das Knäuel der Argumentation abgewickelt ist. Die Dialektik ist ein Ritus: am Ende unterliegt der Antwortende, und er muß unterliegen, wie ein Opfer. Allein das tödliche Risiko des Rätsels, im physischen Sinn, verschwindet in der Dialektik. Nach den Regeln des Wettkampfes aber ist die Vernichtung total: die des Gegenstandes des Gedankens, das heißt der These, und die des Antwortenden selbst als Kämpfer des Gedankens. Im übrigen war ein anderer typischer Name des Rätsels *griphos,* das heißt »Netz«. Eine Schlinge, die denjenigen, der sich der Probe aussetzte, fangen und ersticken sollte. Welches Netz hätten die Griechen knüpfen können, das vollkommener und unentwirrbarer gewesen wäre als das Gewebe aus den vielfachen Knoten des *logos,* das heißt der Diskussion und ihres Ergebnisses, der Vernunft?

Das tiefe Lebewesen

Wenn es Sinn hat, von einer metaphysischen Rangordnung zu sprechen, dann kann der Mensch sich nur deshalb über die anderen Lebewesen erheben, weil die Unmittelbarkeit, dasjenige, was auf dem Grunde des Lebens liegt, in ihm mit einer größeren Intensität, in einem reicheren Keimen zum Ausdruck kommt. Unter den Menschen sind es dann die großen Geister, welche eine kompaktere Unmittelbarkeit, einen kräftigeren Lebensimpuls und eine größere Sinnlichkeit bezeugen und ausdrücken. Diese Lehre kann sich auf gewisse Thesen Schopenhauers berufen. Die menschliche Vernunft hat im allgemeinen keine Autonomie, sie ist bloß ein Echo, eine Manifestation jener größeren Intensität, der Schaum einer umfassenderen Welle des Ausdrucks, die sich höher und heftiger an den Klippen bricht. Im Menschen verbirgt sich eine tiefe metaphysische Wurzel, deren Kraft in die Vernunft hineinreicht, in ihr Gestalt annimmt und sich in den weitesten Umfang der Vorstellung übersetzt. Die Vernunft ist nicht unabhängig vom Animalischen, doch enthüllt sie eben dieses.

Jagd nach der Totalität

Schon eine mittelmäßige Phantasie vermag zu erkennen, wie grenzenlos und unerschöpflich das Leben um uns pulsiert und wie knapp und eng, inmitten all dieser Möglichkeit zur Identifikation, der tatsächliche Ausschnitt bemessen ist, den sich ein einzelner zu eigen machen, an dem er teilnehmen kann, und wie wenig von diesem Leben er hoffen darf, in sich hineinzunehmen, vor sich zu entrollen, sich und den anderen zu manifestieren. Es besteht ein unüberbrückbarer Abstand zwischen der Vehemenz des Lebens, die der Mensch als Besitz der Welt mißversteht, zwischen der Begierde nach Totalität, die jede stürmische Verwicklung der Erfahrung begleitet, und dem beschränkten Gewebe der Existenz, in dem er sich schließlich wieder gefangen sieht.

Aber als Zeugnis für jene Illusion des Besitzes läßt er Mensch außer und hinter sich Spuren zurück, bleibenden Ausdruck. Aller Ausdruck ist Suche nach Totalität. Doch auch abgesehen von der wesentlichen Dämpfung und Verzerrung, die das quellende Leben in jedem Ausdruck erfährt – wie kann denn ein menschliches Erzeugnis wähnen, das Leben in seiner Totalität zu manifestieren? Bei allem, was der Mensch sagt, tut und schreibt, handelt es sich stets um eine Geschmacksfrage, das heißt eine Reaktion dessen, der individuiert ist, auf das, was die Individuation übersteigt, ihr vorausgeht, um eine Frage des Zufalls, der Kontingenz, um die Widerspiegelung einer Zersplitterung.

Für den Jäger der Totalität par excellence, den Philosophen – sein *pathos* besteht eben im gierigen und anmaßenden Verlangen nach Totalität – kann ihre Eroberung die Gestalt der Hypothese annehmen, daß die Welt der Abstraktion die Spitze einer Pyramide ist und daß diese Spitze den Schlüssel liefert, um interpretierend, interpolierend die Basis zu bestimmen, die ganze Basis, von der die Spitze bedingt ist, um also das ganze unsagbare Leben einzuholen, hinter dem Schleier einer philosophischen Fiktion.

Der Schlußakkord

Es gibt keinen heiteren Blick auf das Leben, solange man glaubt, daß der Tod etwas Wirkliches, ja etwas Metaphysisches sei (solange man das Böse als Gegenstand an sich betrachtet). Die gegenwärtige Erfahrung stellt das Prinzip des Lebens dem Prinzip des Todes entgegen. Für die antike Weisheit aber ist der Tod nur der lange und schwankende Schatten, den das Leben wirft, Ausdruck der Endlichkeit, die zum inneren Wesen des Unmittelbaren gehört. Das ist der Sinn der Andeutung Heraklits, Dionysos und Hades seien derselbe Gott. Freud kontra Heraklit: wer »weiß« mehr?

Eine Polarität

Die Rationalität, die Instinkt geworden ist, führt zum biologischen Niedergang. Wenn die beiden Pole des Menschen sich verwirren, ist der menschliche Organismus, der sich auf diese Polarität stützt, vom Verfall bedroht. Zeichen dieser Verwirrung ist etwa der Überdruß, den der heutige Mensch gegenüber dem religiösen *pathos* empfindet. Die glücklichste Auflösung dieser Polarität erreicht man, wenn der Mensch imstande ist, die eigene Rationalität als Ausdruck, als letzte Manifestation des eigenen Instinkts zu entwickeln. Andernfalls hat die Vernunft zwei Möglichkeiten, sich dem Instinkt gegenüber zu verhalten: entweder sie geht ihrer eigenen Wege, ignoriert ihn und kümmert sich nicht um die Widersprüche, die zwischen ihr und dem Instinkt bestehen – auch das ist beim Menschen noch ein Zustand von Gesundheit –, oder sie kann sich in jeder Weise bemühen, ihn zu unterdrücken und zum Schweigen zu bringen, gemäß der asketischen, buddhistischen Lehre – und auch dies ist eine Lösung, diktiert von der Müdigkeit, vom Niedergang und vom Verzicht. Wenn aber ein Mensch oder eine menschliche Gruppe Instinkt und Vernunft unentwirrbar vermischen, und zwar so, daß diese jenen absorbiert, das heißt ihn sich unterordnet, statt ihn auszudrücken, dann sind sie zu einem rettungslosen Verfall bestimmt.

Aufklärung und Theologie

Der Gebrauch des aufklärerischen Rationalismus gegen die christliche Theologie und Dogmatik hat etwas Groteskes, Komisches und Plumpes. Was bedeutet es schon, ironisch über die Schöpfung der Welt, die Trinität oder den Heiligen Geist herzuziehen? Und zudem waren diejenigen, die diese Argumentationen entfalteten, gerade unter logischem und dialektischem Aspekt lächerlich unbedarft auch gegenüber den scholastischen Elaboratoren der christlichen Dogmatik. Nicht einmal eine Philosophie wird, wie Platon lehrt, durch eine dialektische Widerlegung zunichte gemacht: wie wenig erst eine Religion! Allein Nietzsche hat das Christentum ins Herz getroffen – damit nämlich, daß er herauszufinden suchte, was der Mensch fühlt, in dem diese Religiosität aufkeimt, und daß er ferner dieses Gefühl nicht rational in Mißkredit brachte, sondern gemessen am Kriterium des Lebens.

Zwei Verderber

Dreitausend Jahre lang bewegt sich die indische Tradition wie ein gewaltiger Strom: durch Generationen von Denkern haben dieselben Worte dieselben Bedeutungen. Solche Sprache ist die einzige, die man mit Fug und Recht »rational« nennen kann: sie erhält sich unverändert durch die Jahrhunderte und erweist sich als eindeutig und verständlich. Das griechische Denken bis Aristoteles gründete sich auf eine Tradition und bildete eine Vernunft aus – dann verbanden sich seine eigenen Begriffe mit anderen Bedeutungen, und es gab keine Tradition mehr, sondern verschiedene Pseudotraditionen traten hervor. Also ist es nun sinnlos geworden, von »Rationalismus« zu reden, da man nicht weiß, was sich da eigentlich »Vernunft« nennen darf.

Nehmen wir zwei Beispiele. Für Descartes sind die Prinzipien unsres Erkennens: daß der Zweifel uns die erste Gewißheit gibt *(coincidentia oppositorum!)*; daß diese erste Gewißheit die Existenz des denkenden Subjekts betrifft; daß der Geist vom Körper getrennt ist und daß dieser für sich besteht, außerhalb unseres Denkens; daß die Existenz des Geistes und des Körpers durch die Existenz Gottes verbürgt ist; daß die Existenz Gottes durch die Tatsache verbürgt ist, daß wir ihn denken; daß die Freiheit unseres Willens evident ist, da es sich um eine eingeborene Idee handelt, und so weiter. Was den Körper, die ausgedehnte Materie, betrifft, so liest sich der Beweis ihrer Existenz ganz ergötzlich: wenn Gott uns die Idee dieser ausgedehnten Materie durch irgend etwas vor Augen führen ließe, worin sich keinerlei Ausdehnung fände, so könnte man nicht umhin, Gott für einen Betrüger zu halten: aber Gott betrügt nicht, also existiert die ausgedehnte Materie. Auf diese Gewißheiten gründet sich die kartesianische Vernunft: die griechische und die indische Tradition hatten sich nicht einmal zu einer dieser Wahrheiten aufschwingen können.

Hegel hatte ein anderes Publikum, er sprach nicht zu den »klaren« Franzosen, die sich als »Kartesianer« stolz und geschmeichelt fühlten und denen die obengenannten Gewißheiten einleuchten konnten, sondern zu den »dunklen« Deutschen, denen man mit dunklen Worten kommen mußte. Und so wurde die Wurzel der Vernunft im »Werden« entdeckt. Hegel begriff: wenn jedes Ding ist und nicht ist, es selbst ist und sein Gegenteil, wenn jedes Wort irgend etwas und zugleich sein Gegenteil bedeutet, dann sollte ihn keiner mehr widerlegen können, weil es in dem, was er sagte, nichts Festes gab, um es beim Schopfe zu packen, kein feststehendes Ziel – und er sah zugleich, daß er selber dagegen eine jede Behauptung widerlegen konnte, vermöge der festen Bestimmtheit ihrer Form. Auch dies ist »Vernunft« genannt worden.

Der Wissenschaftler hat Angst

Dem Staat gegenüber ist der Wissenschaftler heute wehrlos und von Natur aus gefügig. Aus der Geschichte der modernen Wissenschaft werden keine heroischen Taten gemeldet. Man vergleiche, angesichts der Gefahr, Galilei mit Bruno. Schon Leonardo war mit seinen Kriegsmaschinen den Fürsten zu Diensten. Oft behauptet der Wissenschaftler, nur der Erkenntnis zu leben. Die Wirklichkeit sieht bescheidener aus, es handelt sich vielmehr um die Suche nach einem Winkel, der Geborgenheit verspricht, um eine defensive Haltung bei einem Individuum von geringer Aggressivität. Nun ist es zu spät, um zu hoffen, daß das Blatt sich noch wende. Den modernen Wissenschaftlern ist bisher nicht in den Sinn gekommen, was für die antiken selbstverständlich war: daß man die Erkenntnisse, die für die wenigen bestimmt sind, verschweigen muß, daß die gefährlichen und abstrakten Formeln und Formulierungen, die, unheilvoll in ihren Anwendungen, fatale Entwicklungen auslösen können, im voraus und in all ihrer Tragweite von demjenigen abgewogen werden müssen, der sie gefunden hat, daß sie deshalb eifersüchtig zu hüten und der Öffentlichkeit vorzuenthalten sind. Die griechische Wissenschaft erreichte keine große technologische Entwicklung – weil sie sie nicht erreichen wollte. Durch Schweigen macht die Wissenschaft dem Staate Angst, und so wird sie von ihm respektiert. Nur mit den Mitteln, die ihm die Kultur zur Verfügung stellt, kann der Staat leben, kämpfen und seine Macht vermehren: das weiß er genau. Der Stammeshäuptling hängt zutiefst vom Medizinmann ab.

Eine verkappte Knechtschaft

Einer der einfältigsten Begriffe der Gegenwart ist die Freiheit der Kultur. Wenn Kultur in Wissenschaftlern, Philosophen und Künstlern besteht, so kann man unmöglich übersehen, wie selbst die Existenz dieser Gruppen heute auf entscheidende Weise, und nicht bloß im allgemeinen, vom Staat – oder jedenfalls von der weltlichen Macht – determiniert ist. Burckhardts Entgegensetzung von Kultur und Staat ist heute ein Ideal. Die Freiheit der Kultur ist daher nur die, welche der Staat ihr gewährt, sie ist eine Knechtschaft, der die politische Macht es gestattet, sich als stolze Autonomie aufzuspielen. Und das ist nur natürlich, denn diese Macht ist im Innern ein Feind jeder freien, nicht ihrem Joch unterworfenen Kultur. Großzügig verteilt der

Staat gewaltige Mittel an die Kultur, vorausgesetzt, daß diese ihre Knechtschaft akzeptiert; damit biegt man das, was aus der Kultur selbst hervorgeht, in die gewünschte Richtung, wie es der Kampf um die Macht verlangt, und man erhält nützliche Diener. Im übrigen könnte das alles gar nicht anders verlaufen. Der Künstler, der Wissenschaftler, der Philosoph, sie leben in der modernen Welt in völliger Isolierung, sind zerstreute Individuen. Allenfalls treten sie in Berufsklassen ein, aber sie finden keine Gemeinschaft, die sie von Jugend an unterstützte. So isoliert, wird der Künstler, der Philosoph Beute der weltlichen und politischen Macht, oder er geht einem tragischen Schicksal entgegen.

Umhüllt von einer verheerenden Nacht

Der Gang der Abstraktion zeigt sich als ein unaufhaltsamer und kosmischer Impuls, der nicht nur die innere Gedankenbewegung betrifft: er formt die Objekte um uns herum und formt uns als Objekte. Daß die abstrakten Wesenheiten und Zusammenhänge sich anhäufen, sich ausdehnen und immer weiter verzweigen, ist etwas Unwiderrufliches, das auf den menschlichen Geschlechtern lastet und sie schwächt. Das Netz der Abstraktion fängt alles ein, konstituiert alles, trübt, dämpft und verdunkelt es – unmöglich, sich davon zu befreien. Wir sind im Land der Kimmerier, wo die Sonne nicht hinkommt, neben dem Land der Toten. In die Finsternis eingehüllt, graben wir bloß im Gedächtnis und glauben, daß eine blutleere, vermittelte Erinnerung Leben sei. Real, existent nennt sich etwas, das an sich Schein ist: dies ist der Mensch. Wir, letzte Menschen, die jüngsten, abstraktesten, existieren nicht einmal mehr, wir sind Phantasmen. Man nehme zum Vergleich die Männer der Renaissance, über denen ein weniger festes Gewebe der Abstraktion lag.

DIE GEGENWART EXISTIERT NICHT

Zur Ekstase

Philosophie und Kunst sind Techniken der Ekstase; diese selbst ist eine Erkenntnis, welche nicht den Bedingungen der Individuation unterliegt. Der Ausdruck »Ekstase« taucht in Griechenland im vierten vorchristlichen Jahrhundert auf und bedeutet physiologische »Anomalie«, als Entfernung, Loslösung von den natürlichen Regeln. Eine Verrenkung der Glieder, in der hippokratischen Sprache, oder eine Störung des Geistes, ein Außersichgeraten des Verstandes. In der verbalen Form ist die doppelte Bedeutung von Wahnsinn und Loslösung schon viel früher bezeugt, von Pindar an. Aufgrund des Gebrauchs der verbalen Form im Platonischen *Phaidros* – in jenem Teil, der von esoterischen Ausdrücken wimmelt – darf man vermuten, daß diese beiden Bedeutungen in der Sprache der Mysterien ursprünglich verschmolzen waren. Später, in der neuplatonischen Literatur, ist der Gebrauch von »Ekstase« weiterhin doppelsinnig, und der Terminus meint eine nach außen gerichtete Bewegung oder sogar eine Zersplitterung. Bloß ausnahmsweise bezeichnet er bei Plotin den Höhepunkt der mystischen Erkenntnis, aber auch dann nicht als einen Zustand, als Ruhe, sondern als Verlassen seiner selbst, als Selbstaufgabe, dem Ausdruck »Berührungsverlangen« vergleichbar. Was Plotin andeutet, liegt »jenseits des Seins«, und ohne Sein gibt es kein Objekt – der Hinweis gilt also dem Durchbruch eines Bewegungsimpulses. Das Zinkgefäß, an dessen Anblick sich die Ekstase Jacob Böhmes entzündete, verweist auf eine analoge und entscheidende Ablenkung nach außen, auf eine – ganz plötzlich, durch eine wunderbare Zersplitterung – vollständig geglückte Aufgabe der eigenen Individualität. Das gleiche läßt sich auch für jenen Gedanken Nietzsches behaupten, der ihm am See von Silvaplana kam, als er aus dem Wald heraustrat und ein mächtiger pyramidaler Felsblock vor ihm auftauchte. Etwas außer uns befreit uns von uns selbst. Weil nun unsere Individuation nichts anderes ist als ein Zusammenhang von Erkenntnissen, und das, was draußen bleibt, jenseits der Individuation, gleichfalls Erkenntnis ist, jedoch eine andere Erkenntnis, darum also ergibt sich, wenn der Schleier der Person zerrissen ist, die Möglichkeit der Ekstase, die Erkenntnis, die am Ursprung steht, der Augenblick, die erste Erinnerung an das, was keine Erkenntnis mehr ist.

Der Herzschlag trügt

Unser Leben ist nur ein Kommentar zu dem, was gelebt worden ist, und schon dieses Leben kommentierte, was noch früher gelebt worden war. Die Gegenwart selbst ist eine Erinnerung; im Jetzt des Augenblicks betrachtet man ein Leben, nicht aber ist man ein Leben. Wir sehen uns selbst, wie wir reden, leiden und handeln, aber der Bruch besteht fort, auch in der Gegenwart. Unser Körper oder der eines anderen scheint uns unmittelbar gegenwärtig zu sein, wir betrachten ihn in der Aufwallung des Lebens, aber wir sind mit der Aufwallung nicht einerlei. Auch die Einheit des Körpers eines Menschen scheint uns etwas unmittelbar Gegebenes, während sie doch die Fortdauer und Zusammenfassung von unzerteilten Erinnerungen darstellt, welche, aufgenommen nun und eingeschmolzen in die Abstraktion einer Gestalt, in der Gegenwart nur das Leben einer trügerischen Unmittelbarkeit haben. Daß die Gegenwart Leben bedeutet und die Vergangenheit Tod, ist eine falsche Selbstverständlichkeit, verlockend und irreführend. Was in der Gegenwart an Lebendigem existiert, ist lediglich das Wiederauftauchen eines Lebens der Vergangenheit. Wenn wir aus dem innerlichen Augenblick nach draußen schauen, dann gibt der Rahmen, der die Gegenwart einschließt und aus dem man sie nicht lösen kann – die Dinge, die Formen, die Farben, die Worte und die Ideen der Gegenwart – einen noch indirekteren Kommentar ab; durch das Dazwischentreten von fest gewordenen, mumifizierten Abstraktionen erinnern sie an ein trübes, verdunkeltes Leben. Der irreversible Fluß des Bewußtseins treibt absurderweise dazu, diesen Umkreis zu hypostasieren, selbst jeden Schein von Unmittelbarkeit zu tilgen und gegen die Vergangenheit einen Damm zu errichten. Das würde auf einen Triumph des Todes hinauslaufen, wenn die Sehnsucht nach der Vergangenheit nicht unauslöschlich, eine metaphysische Tatsache wäre. Der Standpunkt der Erkenntnis verlangt: die Gegenwart ist als Wirklichkeit zurückzuweisen, die Gedanken und die Gefühle, die Gegenstände und die Gestalten des Gegenwärtigen sind als Verkleidungen zu begreifen, zu demaskieren. Das tiefe Leben schöpft man aus dem Brunnen der Vergangenheit, und lebendiger ist, was weiter in der Zeit zurückliegt.

Ein begehrter Titel

Die Vernunft ist eine plastische Tendenz, die darauf zielt, die Wirklichkeit festzunageln, sie stillzustellen, etwas Dauerhaftes und Unveränderliches zu konstruieren, das Magma zu formen und zu gestalten. Deshalb sind diejenigen, welche die dynamischen Begriffe und Inhalte bevorzugen: die Aufklärer, die Historisten, die Hegelianer, das heißt die Beweglichsten, unter allen die größten Irrationalisten. Nietzsche ist ein Rationalist, wenigstens in seinen Intentionen: er macht sich auf die Suche nach dem Bleibenden im Wechsel, ordnet den Wechsel dem Bleibenden unter – »ewige Wiederkehr des Gleichen« – und will die großen Rangordnungen festlegen, die aus der menschlichen »Natur« hervorgehen.

Doppelte Absage

Die Verachtung, der Blick voll Überlegenheit und Verdammung, den Schopenhauer auf Staat und Politik wirft, stellt ein höchstes und abschließendes Urteil dar. Gleiches gilt für seinen Widerwillen gegen die Geschichte. Es ist ein Ruf zu einem höheren Geschick, in den letzten Jahrhunderten eine einsame Stimme. Dieser Appell hat Nietzsche erschüttert. Eine andere Absage dagegen, die an das Leben überhaupt, der Fluch über den »Schein«, hat bei Schopenhauer manchmal etwas Armseliges. Sein Pessimismus erscheint dann zweideutig, bedingt von einer physiologischen Idiosynkrasie. Ein Gefühl des Unbehagens kommt in uns auf, dasselbe, das die Reaktion Nietzsches hervorrief. Man spürt bei Schopenhauer einen Mangel an Feuer, an Großmut: in seiner stählernen Natur gibt es einen feinen, tiefen Riß.

Falsche Idole

Im Zynismus steckt Gift – Ohnmacht und Rache. Er erscheint, als in Griechenland der Verfall und die Auflösung offen und lärmend zutage treten; sein Ursprung liegt in der Nachtseite von Sokrates. Seitdem kehrt der Zynismus in regelmäßigen Abständen wieder, stets im Gefolge von tiefen Krisen und mit ähnlichem Erscheinungsbild: ein gewöhnlicher, gemeiner Rationalismus ist sein Instrument, eine exhibitionistische Schamlosigkeit seine Form, und der Hohn für die Vergangenheit und für die Mythen, der Bruch mit den Traditionen sind seine Themen. Jedenfalls darf der Zynismus nicht mit einer Überwindung der Moral auf dem Wege der Erkenntnis verwechselt werden. Der Zynismus ist eine praktische Verhaltensweise, er kritisiert nicht die Überzeugungen und Traditionen im allgemeinen, sondern die einer bestimmten Gesellschaftsklasse oder einer bestimmten Epoche. Der Vertreter der Kultur will sich am Vertreter der Macht schadlos halten: Diogenes an Alexander. Fühlt aber der Mann des Gedankens sich der Macht überlegen, so hat er es nicht nötig, dieses zu zeigen: sein Leben beweist es. Der Zynismus verschafft den zu kurz Gekommenen eine Illusion von Überlegenheit, und die »hündische« Frechheit soll Eindruck machen beim Publikum. Dies ist der geheime Beweggrund Rousseaus, wenn er seine schmutzige Wäsche an die Luft hängt, seine »Bekenntnisse« macht. Aber diese Ironiker, die auf das Lächerliche in den Sitten, den Konventionen, den moralischen Normen der einen oder anderen Gesellschaftsklasse Jagd machen, sind keine Überwinder, keine Schänder der Moral; im verborgensten Teil ihrer Seele bleiben sie fein und zart, sind sentimental und dürsten nach Gerechtigkeit. Wenn man den Hohn wählt, muß man auch sich selber verhöhnen. Blickt man aber nicht nur auf die eigene Zeit, sondern auf alle Zeiten, dann verfliegt der Hohn, und es erhält sich die Scham. Das fanatische Element eines jeden Zynismus, sein ohnmächtiges Vergnügen, wenn er zerstört, wenn er stößt, was fällt, wenn er Ärgernis erregt, das sind suspekte Züge. Nietzsches Natur war das nicht. Deshalb überrascht es, von ihm, in *Ecce homo,* zu hören, er habe hier und da in seinen Büchern das Höchste erreicht, was auf Erden erreicht werden kann, den Zynismus. War auch er ein Machthungriger?

Umstürzen heißt untermauern

Jeder Zyniker möchte gern ein Revolutionär, ein Umstürzler sein, auch wenn er sich als Anwalt der Erkenntnis maskiert. Wer aber einen machtvollen Erkenntnistrieb besitzt, der kann die Vergangenheit nicht als etwas Fremdes ansehen: wir sind nichts Neues gegenüber unserer Vergangenheit, sondern bloß eine Fortsetzung von ihr. Natürlich gibt es eine Vergangenheit, deren Ausdrucksimpuls erschöpft ist, aber das, was wir sind und was wir tun, ist doch stets nur der Widerhall von Vergangenem. Häufig produziert derselbe Mechanismus, welcher einst die Vorstellung erzeugt hat, gegen die sich der Zyniker höhnisch auflehnt, in unseren Tagen eben diesen Hohn. Der vermessene Vorsatz, aus Gedanken und Verhalten jede Vergangenheit auszuschließen, ist eine plumpe Art, sich aufzuspielen, eine widerliche Gebärde des Abbrechens, welche die sedimentierte metaphysische Natur des betreffenden Individuums nicht um ein Haar verändert.

In der Sphäre der Scham

Das Gegenteil des Zynismus ist die Ehrfurcht. Hier hat Nietzsche ein scharfes Auge gehabt, einen sicheren Instinkt. Die Fähigkeit zur Ehrfurcht ist ein Unterscheidungsmerkmal, das in der menschlichen Natur Grenzlinien zieht. Allem Großen gegenüber erwacht in bestimmten Individuen ein Gefühl der Dankbarkeit, man ist bereit zu empfangen und man empfängt mit Freude. Wer diese Natur nicht hat, weist instinktiv zurück, was groß ist, entfernt es von sich und sucht seine schwachen Punkte zu erspähen. Die Vergangenheit, eine bestimmte Vergangenheit, ist der Gegenstand der Ehrfurcht: diese wendet sich also zurück. Man akzeptiert die Struktur der Welt, den Ursprung dieser Struktur, man stimmt ihr zu und ist deswegen glücklich. Das ist natürlich eine intime Erfahrung, über die man besser nicht allzuviel spricht. In seinen Werken aber läßt der Denker Spuren dieses Charakters zurück – so erging es zum Beispiel Nietzsche. Gegenüber vielen Menschen der Vergangenheit ist seine Haltung von beständiger Ehrfurcht geprägt: man denke an die Griechen, die für ihn zählen, und unter den Modernen vor allem an Goethe. Schopenhauer dagegen hat die Verehrung auf dem Altar der Literatur geopfert. Die Rede über die Ehrfurcht ist esoterisch, und nicht zu Unrecht behauptet Nietzsche, daß die vornehmen Naturen, die ohne Ehrfurcht nicht leben können, selten sind.

Lehre vom Augenblick

Der Zauber des Blicks in der erotischen Erfahrung, seine erschütternde Jähheit, das Sichöffnen und Sichschließen eines Abgrunds, ist ein reines Erkenntnisphänomen, jedoch an der Schwelle zu dem, was nicht mehr Vorstellung ist. Die befreiende und begeisternde Erschütterung des Blicks ist von Platon, von Goethe, von Wagner gerühmt worden, in Zusammenhängen, welche die eigentlich erotische Sphäre verlassen. Die

Enthüllung des Augenblicks rüttelt das Herz des Menschen auf; doch dies ist nur der letzte Moment, das Aufsteigen einer anomalen Erkenntnis in der Individuation, in der körperlichen Struktur des Menschen. Der Augenblick als Anschauung geht der Erschütterung voraus; im Fließen der Zeit erhebt sich plötzlich ein Moment, der zwar nicht »in keiner Zeit ist«, wie Platon fälschlicherweise sagt – genaugenommen läßt er die Zeit beginnen, ist schon in der Zeit –, der jedoch auf etwas anspielt, was nicht in der Zeit ist, was in ihm Widerhall und Ausdruck findet. Im Aufleuchten des Blicks vermischen sich die drei Momente, und nur die trügerische Analyse des Denkens vermag sie zu unterscheiden.

Jenseits der erotischen Erfahrung liefert Heraklit uns das Grundthema: »Jedes Ding lenkt der Blitz.« Die Lehre von der Augenblicklichkeit gibt demnach eine optimistische Auskunft: der Augenblick gehört zum Gewebe der Vorstellung, er deutet den Punkt an, wo dieses zerreißt, und verweist auf das, was, nach dem Wort Platons, aller »vorherigen Mühsal« Sinn verleiht, was »für das ganze Jahr entschädigt«, wie Goethe sagt. Unser Leben ist es, worin wir in den Genuß, in den Besitz dessen gelangen können, was unserem Leben vorausgeht, was jenseits unseres Lebens liegt. Und wo der Augenblick gerühmt wird, ist die mysterienhafte Erkenntnis gegenwärtig, von Parmenides bis zu Nietzsche. Der Augenblick bezeugt, was der Vorstellung, dem Schein nicht angehört.

Ausbruch aus dem Universalen

Mit dem eisigen Wort »Psychologie« bezeichnet Nietzsche, der modernen Neigung fürs *abstractum* nachgebend, das eigene, im Sinne der Alten genuin historische Talent; dieses erlaubt ihm, die individuelle und innere Wurzel jener Phänomene aufzudecken, welche die großen Erscheinungen der Geschichte genannt werden. Seine Intuitionen über den perversen und dekadenten Ursprung der christlichen Tugenden, über die modernen demokratischen Ideen als travestiertes Christentum und so weiter besitzen diese Kraft der Evokation, der Wiederannäherung ans Konkrete. Fast magisch erscheint seine Fähigkeit, aus oszillierenden, unbestimmten, fiktiven Begriffen wie »Christentum«, »moderne Kultur« und so weiter durch ungreifbare Vermittlungen genau die Empfindung und das Urteil des einzelnen Menschen, genau die ursprüngliche Erfahrung lebendig werden zu lassen, welche diesen Abstraktionen zugrunde liegt. Darum kann er die Geschichte »verstehen«. Manchmal geht er auch noch weiter zurück und sucht, was hinter dem Individuum liegt, in einer Perspektive, die die Person zur Illusion herabsetzt. Hier ist die Sphäre der Geschichte vergessen, doch bleibt in diesem Fall kaum eine Möglichkeit, die Intuition mitzuteilen, und der Literat geht leer dabei aus; selten finden diese Reflexionen den Weg aus seinen Heften in die publizierten Werke.

Die Welt als Arabeske

Wenn in uns die große Ungewißheit aufsteigt, wenn wir übermannt werden von der Emotion, die uns ohne erkennbaren Grund lähmt, dann fällt der Vorhang zwischen uns und den Dingen, die Körperlichkeit bleibt unbemerkt, die Gegenstände werden leicht, und die Umrisse verlieren ihre Festigkeit. Die Arabesken werden zu Symbolen, denn, wie der Dichter sagt: »Nah ist und schwer zu fassen der Gott.«

Gegen die Notwendigkeit

Von unserem Himmel die Wolken der Notwendigkeit hinwegzufegen: das ist eine bleibende Hoffnung. Der Glaube an die Wirklichkeit der Zeit, an die Suprematie der Vernunft hat unser Leben verödet, aber Zeit und Vernunft haben ein gemeinsames Schema: die Notwendigkeit. Das große indische Denken weiß in all den Jahrtausenden nichts von der Kategorie der Notwendigkeit. Und wenn Heraklit sagt: »Die Sonne ist neu an jedem Tag«, so will er gewiß nicht das Werden aufzeigen, sondern der Tyrannei der Notwendigkeit entgegentreten. Die Notwendigkeit soll nicht unangefochten herrschen; ihr Triumph, wäre er möglich, würde das Leben selber auslöschen. Sie ist ein Gespenst, das uns unbemerkt führt, das die Begeisterten ermattet, ein Geier, der in uns gräbt, ein Blutegel, der uns aussaugt. Nicht einmal Nietzsche ist sich dessen bewußt, wenn er sein Loblied auf die Notwendigkeit anstimmt, er, der mit der großen Umkehrung begonnen, der die Instrumente geliefert hat, um die Pläne dieser perversen Göttin aufzudecken.

Frankreich und Deutschland

Wenn Nietzsches Enthusiasmus für alles Französische in der Literatur uns oft ein Lächeln entlockt, weil er nicht nur, wie im Falle Stendhals, überraschende Hellsicht bezeugt, sondern auch eine einfache Voreingenommenheit verrät und nicht selten wahrhaft mittelmäßigen Gestalten gilt, so lassen dagegen seine Attakken auf das, »was deutsch ist«, vorgebracht im Ton von Invektiven, fast erschauern. Er ist nicht nur der Moralist oder Ästhet, der Mängel des Charakters oder des Geschmacks bloßzustellen sucht. Man entdeckt in Nietzsche eine wahre Vernichtungswut, bereit, blindlings zuzuschlagen, zu zerstören, Böses zu tun. Er will den Mythos der Deutschen in der Kultur niederreißen, ein Vorurteil ausrotten. Und es ist ihm gelungen. Nach ihm ist auf diesem Gebiet alles, was deutsch ist, suspekt geworden – für den, der eine gute Nase hat.

Aber was liegt nun nach allem noch an Frankreich oder Deutschland? Für einmal deckt sich der Blick der Gegenwart mit dem metaphysischen.

Scheinbare Paradoxe

Daß die hochtönenden Ereignisse der Weltgeschichte von den verborgensten und einsamsten Gedanken regiert werden, ist ein anmutiges Lehrstück Nietzsches, auf das man mit ungläubigem Lächeln antwortet. Banalerweise ist man versucht, die paradoxe These aus der Haltung der Rivalität und des Neides zu erklären, die der Mann des Gedankens gegenüber der Welt der Tat einnimmt. Oft ist jedoch zu beobachten, daß die Paradoxe Nietzsches die leichte Formulierung von ungleich schwierigeren Wahrheiten oder die nie gehörte Variante einer Selbstverständlichkeit sind. Im obigen Fall liegt die schwierigere Wahrheit, die zudem eine Selbstverständlichkeit ist, in der Beobachtung, daß die ganze Welt um uns her, mitsamt den großen Ereignissen der Geschichte, aus Gedanken besteht, nichts anderes ist als ein Gewebe von Vorstellungen. Die These Nietzsches reduziert sich darauf, eine bestimmte Vorstellungsverknüpfung anzugeben, die allgemeine Tendenz; wer liefert den Gegenbeweis?

Verschwendete Genialität

Der aktuelle Aspekt Nietzsches – »aktuell« im weiten Sinne, im Hinblick auf sein und auf unser Jahrhundert – ist ohne Zweifel der unbedeutendere, was auch immer die gelehrte und die profane Welt darüber gedacht haben und denken. Das deckt sich mit seinem eigenen Urteil, welches dem Unzeitgemäßen den Vorzug gab. Heute, kaum ein Jahrhundert später, erscheint sein Insistieren auf den Problemen des Christentums und der Moral als eine maßlose Kräftevergeudung, denn Christentum und Moral sind heute statt unzeitgemäß »nicht mehr aktuell« (wer sich aber von jeder Art Dogmen, antiken und modernen, befreit hat, weiß ihm für diese Vergeudung Dank). Genauer betrachtet ist es ein Mißklang, den man angesichts seiner psychologischen Methoden und seiner positivistischen Variationen über Themen aus verschiedenen Wissenschaften fast mit Unbehagen bemerkt. Oft scheint die Aufmerksamkeit, die er vielen literarischen und politischen Persönlichkeiten des neunzehnten Jahrhunderts widmet, unbegründet. All das ist ihm vorzuwerfen, denn sein Zugriff, sein Anspruch und sein Einsatz sind – auch in der »Aktualität« – die des Philosophen, nicht des Historikers.

Falscher Sieg über die Moral

Jetzt, da alle Tabus überwunden, lächerlich geworden sind, bleibt nichts mehr übrig, als die Heuchelei auszuschalten. Aber die Heuchelei ist das letzte Bollwerk, wo die Macht der Moral, von allen Seiten gejagt, eine Zuflucht gefunden hat.

Aristophanes und Freud

Der Qualitätsabstand zwischen den Griechen und uns, um den jene uns überragen, als handelte es sich um einen Niveauunterschied der biologischen Objektivierung, wird, ohne daß es der Hilfe von diskursiven Erklärungen bedürfte, in urbildlicher und schlagender Weise klar, wenn man den Mythos des Aristophanes im Platonischen *Symposion* und die Freudsche Lehre von der Sexualität gegeneinanderstellt. Die archaische Natur der frühesten Menschen war nach Aristophanes voll, stark und anmaßend: ihre Einheit wird zerbrochen, ihr runder Körper in zwei Hälften geteilt, von Zeus, der seine Macht verteidigt. Der Eros ist die Sehnsucht des zerbrochenen Menschen nach jener verlorenen Fülle, ist das Verlangen – unerfüllbar, denn die Einheit kann sich niemals wiederherstellen – nach dem metaphysischen Grund, der hinter unserm Leben steht und aus dem dieses hervorsprudelt. Wenn das zerbrochene Individuum seine andere Hälfte trifft, umarmt es sie und findet, ohne auf anderes zu achten, den Tod. Da greift Zeus zum zweiten Mal ein, jetzt aus Mitleid: der Gott verändert die Lage der Genitalien der fragmentarischen Menschen, so daß diese, wenn sie sich vereinigen, sich fortpflanzen können. Der Eros ist also, im Hinblick auf das Individuum, von dem der heutige Mensch abstammt, ein direkter Todestrieb, und im Hinblick auf ein Individuum, wie es der heutige Mensch darstellt, ein unstillbarer Durst, ein unaufhebbarer Mangel, eine Sehnsucht nach Vernichtung. Denn der Eros drückt die Unangemessenheit, die Ohnmacht des zerbrochenen Menschen aus, den Impuls, die Individuation auszulöschen. Todestrieb – freilich nur, wenn das, was wir heute besitzen, Leben ist; viel eher jedoch Lebenstrieb, wenn das, was wir sind, Verfall, Zertrümmerung und Unvermögen, also Tod ist, wie die dionysische und eleusinische Lehre behaupten. Die Sexualität ist ein spätes, zufälliges, abgeleitetes Element, der Ausweg, auf den das Mitleid eines grausamen Gottes verfiel, ein Notbehelf für ein unheilbares Unglück. Der Eros hat mit der Sexualität nichts zu tun, er geht ihr voraus und überragt sie; sein radikal auf metaphysische Wiederherstellung gerichteter Impuls kann von der Sexualität nur gezähmt und abgeschwächt werden. Dagegen wird die Erniedrigung, der Verlust des göttlichen Lebens, von der Sexualität – diesem unnatürlichen Kunstgriff, den die List eines Gottes am Menschen vollzieht – betont und definitiv bekräftigt. Die Sexualität ist dem Eros geradezu entgegengesetzt, denn sie sucht jene Individuation zu perpetuieren, die der Eros auslöschen will. Der Eros möchte uns heilen, möchte die Natur, die archaische Fülle wieder zum Leben erwecken. Gegen diese Vision behauptet Freud, der »Moderne«, daß die Sexualität das Prinzip der Menschenwelt ist, der Lebenstrieb. Hierüber lag die bessere Einsicht bei Wagner.

Das Leben ist in der Vergangenheit

Weise ist derjenige, der ein Licht in das Dunkel der Vergangenheit wirft. Rätselhaft, ungreifbar ist die Natur des Gewesenen. Wenn wir die Vergangenheit betrachten, wenn wir versuchen, sie wiederzugewinnen, dann scheint uns, als verlören wir das Leben; wenn wir das Leben betrachten, entdecken wir die Vergangenheit. Ob etwas nun einen Augenblick oder ein Jahrtausend zurückliegt, es ist gleichermaßen verloren. Im Aufschrei des Glücks, im Ruf der Verzweiflung, hier, in diesem Augenblick, der schon ein Widerhall ist, hat sich das unmittelbare Leben bereits verflüchtigt, ist für immer verschwunden. Wir aber klammern uns an diese Vergangenheit, wollen sie nicht verlieren: all unser bewußtes Sein ist lediglich Echo und Fortpflanzung jenes Lebens. Allmählich schwächen die Wellen sich ab, zu Schreien, zu Augenblicken, zu Sehnsüchten, zu Erinnerungen, zu Phantasien, zu Gedanken. Und im verebbenden Strom dieser Reflexe treten neue Erschütterungen ein, so daß die verschiedenen Kräuselungen sich überlagern und sich verwirren. Wenn wir noch einen weiteren Schritt zurück tun, um das quellende Leben zu entdecken, dem die Welle entstammt, die uns immer noch einhüllt, erleiden wir Schiffbruch im Dunkel des Unvorstellbaren. Es hilft uns nichts, das flüchtige Zucken desjenigen verlassen zu haben, was heute lebt. Wenn wir dagegen der Vergangenheit den Rücken kehren und das sezieren, was wir vor uns haben, um das Leben zu packen, während es in uns fließt, dann scheint jedes Antlitz, jede Form, alles Körperliche, jede Farbe und Gestalt des Lebens um uns her, wohin wir auch blicken, in Fragmente von Vergangenem zu zerfallen. Die Konkretheit der gegenwärtigen Welt ist eine verdeckte Abstraktion, Frucht einer langen Arbeit vor uns und durch uns; jeder Aufschrei ist eine Lüge, jedes Bild eine Fata Morgana.

TOD DER PHILOSOPHIE

Ungewisses Ende

Heute finden die Möchtegernliteraten, die Verbreiter von gedruckten Worten überall weit geöffnete Türen; alle bieten sich ihnen als Zuschauer an, und zum Lohn wollen sie eine kleine Rolle spielen, einen kleinen Applaus empfangen: doch gerade heute geht hinter dem großen Spektakel die große Angst um. Schon die sorglose Gutmütigkeit ist beunruhigend, mit der die Mächtigen, ohne die geringste Furcht, die Vertreter der Kultur betrachten: darum lassen sie ihnen, mit deutlicher Verachtung, die unbeschränkteste Freiheit bei ihren Schaustellungen, obgleich diese so tun, als wären sie gefährlich und unkontrollierbar. Es ist die Umkehrung der obskurantistischen Position: je mehr die Fabrik der Worte sich ausbreitet und in Schwung kommt, um so weniger ist von ihr zu fürchten. Verzagt sind dagegen diejenigen, welche in immer dichterem Schwarm den Honig der Kultur umflattern; denn sie ahnen dunkel, daß ihre Täuschungen ans Licht kommen, ihre Gehäuse zerbrechen werden und daß am Ende ein Vertreter der Autorität aufsteht und sagt: wir können diese intellektuellen Figuren nicht mehr gebrauchen, es sei denn als nützliche Sklaven, mißhandelt und in Furcht gehalten; für die Gesellschaft ist es besser, daß sie zugrunde gehen. Dies ist bereits gesagt worden, freilich nicht von dem, der die Macht besitzt, um die Drohung auch wahrzumachen.

Jeder Ausdruck des Intellekts ist heute schwach und weiß das. Man ist unfähig, anders als mit Gewalt zu reagieren, wenn die eigene Position nur im geringsten angegriffen wird. Mit viel Nachsicht dagegen behandelt man die Ideen und die Werke anderer, um zu gegebener Zeit auf Schonung rechnen zu können. Es ist eine Kastengeist, der die Illusion der Macht erzeugen soll, weil die Macht eben fehlt, und der den Eindruck zu erwecken sucht, als sei die Zugehörigkeit zu dieser Gemeinschaft etwas höchst Begehrenswertes, während in Wahrheit ein jeder sich in einer Wüste von Hoffnungslosigkeit allein gelassen fühlt, jeder die eigene Sterilität und Ohnmacht spürt, an spitzfindigen Deutungen wider die Freuden der Welt häkelt und vor allem in der Angst lebt, von einem Moment zum anderen hinweggefegt zu werden.

Neid auf die Vergangenheit

Bei Montaigne lesen wir: »Auch unsere Urteile sind krank, sie folgen der Verderbnis unserer Sitten. Ich sehe, wie der größte Teil der Geister meiner Zeit sich alle Mühe gibt, den Ruhm der schönen und edlen Taten der Alten zu verdunkeln, indem sie ihnen irgendwelche gemeinen Deutungen geben und verschiedene Anlässe und Ursachen für sie erfinden.« Dies am Ende des sechzehnten Jahrhunderts, in einer Zeit männlicher Kraft, wenn auch bedroht von Apoplexie. Man ist versucht, den Anfang umzukehren: unsere Sitten gleichen sich der Verderbnis unserer Urteile an.

Der Tempel der toten Worte

Im Aushöhlen der Philosophie ist Nietzsche weit gekommen. Wenig fehlte, um das Werk zu vollenden. Er sah nicht nur, daß alle Philosophie Lüge gewesen ist, sondern hat diesen Blick auch auf die eigene Philosophie geworfen. Und während die Kunst, die gleichfalls Lüge ist, keinerlei Schaden nimmt, wenn sie weiß, daß ihre Natur lügnerisch ist, hat für die Philosophie diese Erkenntnis verheerende Folgen. Was Nietzsche jedoch nicht ans Licht zu bringen vermochte, ist der Grund dieses lügenhaften Wesens. Die Popularisierung einer nicht vermittelten, exklusiven und intimen Erfahrung: das ist der Grund. Diese Erfahrung, das, was sich einst, ehe die Rhetorik und die Literatur auftraten, an der Stelle der Philosophie befand, ihre Wurzel, war nicht lügnerisch. Die Philosophie aber ist Schrift, und jede Schrift ist Fälschung. Nietzsche hat den Blick in diese Richtung befreit, auch wenn die Prämissen, die er selbst festgelegt hat, alle seine gedruckten Worte unterminieren. Er kommt um in diesem – von ihm gelegten – Brand der philosophischen Walhalla, eben weil er, ohne es zu wissen, jene lügenhafte Natur in ihrer Reinheit verkörperte, er, der als *homo scribens* sein Leben eingesperrt, geopfert und ausgedörrt hatte. Diese Katastrophe ist befreiend, und nach Nietzsche findet kein Philosoph mehr Glauben, wird keiner je wieder Glauben finden. Die Philosophie ist unwiderruflich entlarvt, und sollten die Fälscher eine Fortsetzung wagen, so wird sich die schrecklichste der Waffen gegen sie richten, die Gleichgültigkeit. Aber der Tod der Philosophie – eben als die Enthüllung ihres lügnerischen Wesens und seines Grundes – macht den Weg zur Weisheit frei. Es geht nicht darum, die Welt der Geschichte zu ändern: das, was vor der Philosophie war, kann jetzt ebenfalls leben, und wenig zählen angesichts dessen, was ein paar Menschen zu denken und einander zu sagen vermögen, die Veränderungen der Gesellschaften und Staaten.

Ein blinder Fleck in der Erleuchtung

Von den Philosophen las Nietzsche mit Ausdauer nur Platon und Schopenhauer: bei dieser Lektüre war sein *pathos* zudem ein ästhetisches und moralisches, kein theoretisches. Das glänzende Gewebe der *Vierfachen Wurzel* blieb ihm fremd, und die frostig abstrakten Dialoge Platons stießen ihn zurück. Nietzsche tritt an die Spekulation mit dem starren Vorurteil des Künstlers heran und stimmt mit Wagner in einer prinzipiellen und undifferenzierten Ablehnung der Dialektik überein. Aber der Widerwille gegen die Abstraktion schickt sich für einen gänzlich intuitiven Menschen, nicht für Nietzsche. Das Spiel der griechischen Dialektik erscheint ihm nichtig, während er von Jugend auf die Wissenschaft als etwas Ernsthaftes ansieht. Nachdem er Wagner, der die Wissenschaftler verspottet, Beifall gezollt hat, spürt er Gewissensbisse, schämt sich seiner selbst und löst sich von der Kunst. Gegenüber der Dialektik aber bleibt seine Gesinnung unverändert, und vor allem ahnt er nicht im entferntesten den Abgrund zwischen der antiken und der modernen Dialektik. Darin besteht seine falsche Perspektive, eine jugendliche Oberflächlichkeit, auf die er später keinen Gedanken mehr verwendet. Alle Probleme, die die Wissenschaft aufwirft, und überhaupt die Frage der Erkenntnis und der Vernunft, werden niemals vereinigt, beherrscht, von oben betrachtet und in endgültiger Weise beurteilt werden können, wenn man nicht vom Ursprung des gesamten Phänomens ausgeht, eben von der griechischen Dialektik – nicht Literatur, sondern Leben –, wo jene Ausgangselemente begraben liegen, von denen der Rest bloß eine Entwicklung, eine Abirrung, eine Zersplitterung, ein verständnisloser Kommentar ist. In der modernen Welt ist das Geflecht der Vernunft derart verworren, daß man nicht umhin kann, es zu zerlegen und seine Erscheinungsformen einzeln zu studieren. Das gleicht dem Versuch, eine unbekannte Sprache dadurch zu entziffern, daß man die schriftlichen Zeugnisse an verschiedene Spezialisten verteilt, damit diese in jedem einzelnen Fragment eine Bedeutung ausfindig machen. Nietzsche besaß die richtigen Voraussetzungen, um das Problem in Angriff zu nehmen: Interesse für die Frage der Erkenntnis, dämonische Gaben des Eindringens in die Gräzität, Vorliebe für die nichtkonformistischen Perspektiven. Gewiß, es war nötig, einen versiegelten Schatz aufzubrechen, etwa Zugang zu finden zum heiligen Bezirk der Person Parmenides. Das gelang ihm nicht, weil er es nicht einmal wollte. Sonst hätte er begriffen, daß die Dialektik in Griechenland ihr Erscheinen nicht dem Schwinden, sondern im Gegenteil einem Überschäumen des Lebens verdankte, einer expressiven Verklärung, ähnlich derjenigen in der archaischen Skulptur.

Ohne Gesprächspartner

Ein moderner Denker, zu innerer Tüftelei verurteilt, muß sich gleichwohl, wenn er wirklich rational sein will, zwingen, eine dialektische Vorgehensweise zu imitieren, und da ihm die Gesprächspartner fehlen, muß er sie sich konstruieren. Er muß daher unbedingt auch ein künstlerisches Talent besitzen, ein dramatischer Schöpfer sein, um die Personen zu erfinden, die ihm entgegnen können, und ein wahrhafter Schauspieler, um sich in die Stimmen hineinzuversetzen, die ihm entgegnen.

Wahrheit im schlichten Gewand

Das Problem der Wahrheit, das ihn buchstäblich verfolgt, behandelt Nietzsche zu sehr von oben herab. Das kommt von seiner theoretischen Unreife, vom Fehlen einer langen Schulung. Der feierliche Ton des Parmenideischen und Platonischen Wortes, der noch bei Schopenhauer nachklingt, hat ihn irregeführt. Aristoteles hätte ihn über die Wahrheit »von unten gesehen«, in der natürlichen Perspektive, aufklären können. Denn das Problem der Wahrheit ist kein Scheinproblem, wie heute viele Besserwisser behaupten, sondern eine stille und sehr konkrete Frage, angemessen für den, der viel Geduld und ein wenig Verstand hat. Die Wahrheit ist eine Kategorie der Erkenntnis: es genügt zu untersuchen, worauf man diese Kategorie anwendet und was sie bedeutet.

Ein naiver Vernunftglaube

Nietzsche benutzt die Vernunft in der Regel als destruktive Waffe und richtet sie gegen den Glauben und die Meinungen, gegen die Dogmen. Sein Skeptizismus ist jedoch nicht wirklich extrem: es fällt ihm nicht ein, die Vernunft selbst einer radikalen Prüfung zu unterziehen oder sie ganz zu verwerfen wegen ihrer inneren Schwäche, nicht etwa wegen der Irrtümer dessen, der sie gebraucht. Ein derartiger nihilistischer Versuch wird gelegentlich von Nietzsche sogar zurückgewiesen, als Ausdruck von Askese. Dies ist ein Standardvorwurf, den Nietzsche gegen die Philosophen erhebt. Natürlich ist die Erkenntnis überhaupt Askese, da sie sich von der Unmittelbarkeit des Lebens trennt. Doch unter dieser Voraussetzung nennen wir nicht nur die Philosophen, sondern alle Menschen Asketen, denn alle leben von abstrakten Vorstellungen. Wer aber umgekehrt den konstruktiven Anspruch der Vernunft gänzlich zu Fall brächte, der würde das größte Hindernis für einen authentischen Rückstrom zum erwachenden Leben beseitigen und folglich die Askese in ihrer Wurzel zerstören.

Die christliche Lüge

Die Philosophie, als Rhetorik, neigt zum Exzeß in der Lüge, aus Effekthascherei, und damit gerät sie in eine tödliche Falle. Die Lüge des Subjekts tut sich mit der des »Geistes« zusammen: daher der Exzeß. So sagt Hegel: »Daß ... die Substanz wesentlich Subjekt ist, ist in der Vorstellung ausgedrückt, welche das Absolute als *Geist* ausspricht – der erhabenste Begriff, und der der modernen Zeit und ihrer Religion angehört.«

Der Mythos des Willens

Die theoretische Naivität Nietzsches und Schopenhauers verrät sich in typischer Weise dort, wo sie den Begriff des Willens metaphysisch betonen. Zu Recht haben sie jedes Element der Erkenntnis relativiert: Schopenhauer hat, knapp und grundsätzlich, gezeigt, daß jede Vorstellung Schein ist, und Nietzsche, mehr rhapsodisch, hat im Urteil wie im Sein, im Sinneseindruck wie im Gefühl, im Subjekt wie im Objekt Lüge und Illusion aufgespürt. Naiv aber sind sie darin gewesen, daß sie einen positiven Begriff über den letzten Grund der Welt vorschreiben wollten, daß sie »sagen« wollten, was nicht Vorstellung, nicht Erkenntnis und nicht Irrtum ist. Doch alles, was man »sagt«, ist ein Gegenstand der Vorstellung! Man kann nicht sagen, ohne zu erkennen: das wußten die Griechen. Und so bleibt jener Wille – zu leben oder zur Macht – doch stets eine Vorstellung, ein Schein, und ist nicht etwa der Grund außerhalb der Vorstellung.

Ein hartnäckiges Dogma

Der Glaube ans Subjekt, zu dessen Zerstörung Nietzsche das Seine getan hat, ist gleichwohl zuinnerst mit seinem Denken verknüpft, selbst in der Zeit seiner Reife (auch dies ein Schopenhauersches Erbteil). Schon die Bezeichnung »Wille« für die Substanz der Welt verweist implizit auf ein metaphysisches Subjekt. Und daran ändert sich auch nichts, wenn Nietzsche den einheitlichen Willen Schopenhauers in Atome des Willens zur Macht zerschlägt: in jedem von ihnen nistet weiterhin ein Fragment des substantiellen Subjekts. Warum überdies »Wille zur Macht«? Weil man diesen postulierten Willen im Kontrast zu irgend etwas denkt, was er zu unterwerfen sucht. Vorausgesetzt wird ein Feld von Hindernissen, von inneren Widerständen gegen ein Subjekt. Metaphysisch gesprochen bedeutet dies, eine Vielzahl von substantiellen Subjekten und von ebenso vielen Willen zu postulieren, denn das, was einem Willenszentrum – dem ursprünglichen Element – entgegensteht, kann nur ein anderer Wille sein.
Diese Kritik trifft den Begriff »Willen zur Macht« im

Kern. Es gibt keinen Willen zur Macht ohne ein Subjekt, das ihn trägt, das heißt ohne ein substantielles Subjekt, denn wir befinden uns hier auf metaphysischem Boden: und doch hatte gerade Nietzsche das Subjekt zerstört! Eine radikale Destruktion des Subjekts entzieht dem Willen jede innere Konsistenz. Es ist wahrscheinlich, daß Nietzsche selbst zu diesem Schluß gelangt ist. Vielleicht war dies einer der Gründe, die ihn in seinem letzten Herbst bewogen, den Plan eines systematischen Werkes aufzugeben.

Metaphysik und Moral

Der Wille zur Macht, der Kern des Lebens, das *pathos*, das nicht lügt, ist ein gehemmter Impuls – oder besser ein Feld von Impulsen, die sich gegenseitig hemmen –, eine aufgehaltene Expansion, ein behinderter, gezügelter Elan. Der Ausgangspunkt ist jedesmal ein Wollen von etwas, also eine Bestimmtheit, zugleich aber fehlt in diesem System von scheinbar individuellen Zentren die klare Begrenzung, und notwendig führt eine gründliche Überlegung über das expandierende Zentrum hinaus, bis zu dem Punkt des Zusammenstoßes zwischen dem Impuls und dem Hindernis, insofern nämlich der Impuls ebensosehr ein Hindernis für sein Hindernis darstellt, wenn man dieses als Impuls versteht, oder anders gesagt: weil eine untrennbare, homogene, bipolare Verflechtung besteht zwischen dem expandierenden Impuls und dem, was ihn aufhält.

Diese metaphysische Einsicht ist der Schlüssel, unter dem das moralische Denken Nietzsches sich als ein harmonisches Ganzes darstellt. Von jenem *pathos* ist die Moral ein Symbol, ein Reflex, eine Manifestation. Auf seiten der überlegenen Kraft, so behauptet Nietzsche, heißt herrschen das Gegengewicht der geringeren Kraft aushalten. Auch das Gehorchen ist ein Kampf. Die Sphäre des Handelns, der Geschichte spiegelt also die metaphysische Verschlingung wider: der Unterdrücker ist mit dem Unterdrückten verklammert, ein identischer, doppelgesichtiger Impuls tritt in den individuellen und kollektiven Verhaltensweisen zutage; die stärkeren und die schwächeren Kräfte wechseln sich in je verschiedenen Verbindungen bei der Unterdrückung ab. Meister dieser Vision ist Thukydides.

Much ado about nothing

Geschichtlich gesehen ist das moralische Denken Nietzsches ein großer Durchbruch (auch wenn sich einige seiner Hauptthesen schon bei Spinoza finden). Was er zum Thema geschrieben hat, zerstört jede frühere Morallehre. Ja, Nietzsche darf sich als Vernichter der Moral überhaupt ansehen, denn er hat der moralischen Spekulation den Antrieb entzogen, hat ihre Begriffe und Probleme erschöpft und entleert. So ist er der große Befreier gewesen, derjenige, der die Hindernisse aus dem Weg räumt und dem wir heute die Möglichkeit einer »bloß« theoretischen Ansicht der Welt verdanken.

Dieser geschichtliche Durchbruch fördert jedoch andererseits nichts wirklich Neues zutage. Sein lautstarker Kraftakt, für die schwachen modernen Ohren freilich betäubend, hat nicht mehr vermocht, als die ursprünglichen Bedingungen der Weisheit zurückzugewinnen. Vor Sokrates gab es keine moralische Spekulation. Doch hat schon Heraklit gesagt, daß »die Goldsucher viel Erde graben und wenig finden«.

Zerschlagene Anmaßung

In der Regel will eine moralische Lehre für eine Vielzahl oder sogar für eine Gesamtheit von Individuen ein einheitliches Verhalten beschreiben oder vorschreiben. So verlangt es der konstruktive Instinkt der Moral, ihre naive wissenschaftliche Anmaßung, die auf dem Postulat der moralischen Normativität und auf der Abstraktion des verallgemeinerten Menschen beruht. Nietzsche hat diese beiden Bedingungen aus den Angeln gehoben und die Moral zunichte gemacht.

Die Degeneration geht dem Individuum voraus

Man hat übersehen, daß Nietzsche, um seine erstaunlichen Erfolge in der moralischen Spekulation zu erzielen, die Subjekte der Moral ausschalten mußte. Der Todesstoß, den er allen ethischen Lehren versetzt hat, ging von einem rhetorischen Kunstgriff aus: er führte ihre verworrene Affektiertheit, ihren Pomp und ihre Pedanterie vor Augen, ließ sie veraltet, abgestanden und lächerlich erscheinen. Er erregte ein unbändiges

Gelächter über die jahrhundertealten Kontroversen um Begriffe wie freier Wille, Gnade, Prädestination und erging sich ironisch über die moralischen Gebote, über die Einteilung der Handlungen, der Absichten, der Gefühle in gute und böse. Doch der rhetorische Effekt beruhte auf einem ernsten Gedanken: das Urteil ist fundamentaler als der Instinkt. Nietzsche verkehrt also die Perspektiven, dreht das Verhältnis zwischen Instinkt und Intellekt um; denn dieser muß nicht das von jenem bezeugte ursprüngliche Chaos ordnen, auflösen und in moralische Bahnen lenken, sondern im Gegenteil: jedes Gefühl, jeder Instinkt, jeder Impuls – scheinbar in unbewußten Tiefen wurzelnd – ist nichts anderes als die Übersetzung, die Anwendung, die Manifestation einer vorhergehenden intellektuellen Operation, eines Werturteils. Damit führt Nietzsche die Moral auf ihren metaphysischen Ursprung zurück und läßt die Sphäre der Individuation hinter sich. Aber ist denn die Individuation, als wesentlich verstanden, nicht die theoretische Voraussetzung, aus der die Moral erst folgt? Nietzsches Gedanke besagt das Gegenteil, nämlich daß die Moral nicht nur von der Individuation nicht bedingt ist, sondern daß sie diese sogar bedingt. Das Werturteil, also eine bloße Vorstellung, ein kognitiver Vorgang, ist die Wurzel der Moral und außerdem ein molekulares Element, das in die Individuation eingeht. Jenseits bleibt nur der metaphysische Ausgangspunkt, der Wille zur Macht in seiner zersplitterten Natur des Wollens von etwas: seine Interpretation durch den Intellekt, das ursprüngliche Urteil, das ist die Moral, versehen mit einem kosmischen Antrieb zur Fälschung. Alles, was das unmittelbare Leben ausdrückt, manifestiert, interpretiert, ist ein Verfall, ist der Geburtsfehler jeder Individuation. In deren Bereich, bis hinab zu einer vor- und außermenschlichen Sphäre, ist die Moral das Ornament der Degeneration, der Erstarrung, der lügenhaften und illusionistischen Abirrung.

Elend des Philosophen

Hinter verschlissenem Samt und den erblindeten Spiegeln der Subtilität gibt es für die Leiden der modernen Philosophie keine Heilung mehr. Deshalb hat es keinen Sinn, mit dem Übermut eines geistreichen Spielverderbers auf sie zu zeigen; es geht allein darum, die Aufmerksamkeit auf ein Lazarett zu lenken, das schreckliche Seuchen birgt und in dem keine Genesung mehr möglich ist, das man bloß räumen und in Brand stecken kann. Wenn die Fähigkeit, zu abstrahieren und zu argumentieren, erst nach Generationen von Menschen, die ihr Leben lang miteinander diskutieren, geläutert hervortritt, wenn eine schriftliche Tradition demgegenüber nur ein blasser Ersatz ist und bloß die Mißverständnisse, die Verdrehungen und die Anmaßungen fördert – welches ist dann das Los des Philosophen heute, wie gestern, wie schon vor vielen Jahrhunderten? Auf die lebendige Erfahrung, und nicht nur auf die der Diskussion, muß er verzichten, aus Mangel an Reizen, an Gelegenheiten, an Aggressivität; er akzeptiert eine »provisorische Moral«, lebt vom Hörensagen und glaubt, das Leben sei, was in den Büchern steht. Denn es ist die Erfahrung der Bücher, von der er sich überrollen läßt, von Jugend auf. Aber der Philosoph ist vermessen, und weil er durch die Lektüre der Bücher eine Tradition nicht entdeckt, man auf die Tradition aber nicht überall verzichten kann, so erfindet er eine, will sagen, er erklärt eine Gruppe von Büchern zu kanonischen Schriften, als ob bei ihnen die Bedeutungen der Worte und die allgemeinen Ideen übereinstimmten – was sie nicht tun. So wird der Philosoph geboren: da ihm eine wahre Tradition fehlt, bietet er alles auf, um als der Gipfel einer ausgedachten, von ihm verkörperten Tradition zu erscheinen oder, besser noch, als durch und durch originell; das lenkt seine diskursiven Fähigkeiten zu den sophistischen Kunstgriffen. Außerhalb seines kanonischen Kreises bemüht er sich nicht im geringsten, die anderen, seien sie fern oder nah, zu verstehen; im übrigen weiß er seinen sogenannten Vorgängern keinen Dank, so wie er sich, einmal anerkannt, nicht darum kümmern wird, Schüler zu finden, die ihn verstehen. Er mischt sich mit großem Vergnügen in die kleinlichsten Polemiken, um die Worte von anderen zu bekämpfen, die diese Worte jedoch anders aufgefaßt hatten als er. Dann wird irgendein anderer seine Worte bekämpfen, indem er ihnen Bedeutungen beilegt, die er nicht gemeint hatte. Man proklamiert die Verehrung der Geschichte gerade auf seiten derer, die kein größeres Verlangen kennen, als von vorn anzufangen und mit den anderen Philosophen nichts gemein zu haben – oder zumindest den Anschein zu erwecken, es verhielte sich so. Nach dem siebzehnten Jahrhundert hat der Philosoph auch den Sinn fürs Objekt verloren, und im allgemeinen weiß er nicht, was Intuition heißt – wie man sofort spürt, wenn einer von Platon spricht und dabei eine Vogelscheuche beschwört. Die rationale Verwirrung ist komplett: wer philosophische Systeme errichtet, kümmert sich nicht darum, die Grundlagen zu befestigen. Und wer die Systeme bekämpft, weiß nicht, daß er dies nur tun kann, wenn er Prinzipien vorweist; denn das Problem der Vernunft ist eins mit dem ihrer Prinzipien. Heute will die Tochter die Mutter hervorbringen, so sehr ist man der Tradition überdrüssig: es hat den Anschein, als wolle die Mathematik die Philosophie gebären.

Verspätete Panik

Die heruntergekommene Sophistik von Fichte, Schelling und Hegel verrät, in welcher Verlegenheit sich damals die Philosophen gegenüber der Wissenschaft befanden. Hinter einer Nebelwand suchte man deren Vorherrschaft zu verbergen. Früher, im Zeitalter der Aufklärung, hatte man sich daran berauscht, die Ausdehnung der Wissenschaft zu betrachten, ihre ständig sich weiter verästelnden Perspektiven; alle applaudierten, ohne sich zu bemühen, die Fäden zu ordnen. Die Möglichkeiten der sogenannten Vernunft ans Licht zu bringen: das war das Ziel, und der Philosoph maß sich bei dieser Expansion eine aktive Rolle zu. Dann bemerkte man, daß das Mündel, die Wissenschaft, allzu hochmütig wurde: man wollte sie wieder beim Schopfe packen, aus dem Sattel werfen, erst mit der pedantischen Ernsthaftigkeit Kants, mit der Naivität seiner hilflosen Manöver, und dann mit der Entfesselung eines Tumultes, einer totalen, rasenden Verwirrung der menschlichen Erkenntniskräfte.

Zur intellektuellen Physiologie Nietzsches

Man entdeckt bei ihm die größte Vielseitigkeit im Urteilsvermögen und eine unersättliche Gier beim Verknüpfen von weit auseinander liegenden Vorstellungen. Geringe Begabung besitzt er dagegen zu einer kategorialen Analyse, die die Universalien unterscheidet, indem sie ihrer Herkunft nachgeht. Bei der Kritik des Gegebenen hält er sich nicht auf; jede Vorstellung ist ihm als Ausgangspunkt recht, wenn sie nur mit einem Schein von Konkretheit in den Zusammenhang aufgenommen und in erhellender Weise angeeignet wird. Mit stets wacher Neugier sucht er Verbindungen zu entdecken, aber die Urteile, die irgendeiner Tradition angehören, die einen Konformismus erheischen, sind ihm fremd. Die Welt ist für ihn ein Urwald, den es zu erforschen gilt, nur so ist sie interessant. Es liegt eine beträchtliche Unruhe in diesem Suchen, eine dauernde Ungeduld, als hätte er Angst, daß neue Perspektiven auf unbekannte Länder ihm entgehen könnten. Doch die Ruhelosigkeit tritt zurück vor der Redlichkeit: wo ihn das Urteil, so entschieden es sei, nicht restlos überzeugt, verbeißt er sich in jahrelange Forschungen, die abstoßend erscheinen. Dabei häuft er kunterbunt jede Art von historischem Material auf, dessen Substanz er sich unglaublich rasch zu eigen macht, wenn auch Fehler nicht ausbleiben können. Wenn er hingegen einen Plan, etwa ein bestimmtes Buch, verwirklichen will, verliert er bisweilen den Mut angesichts der Notwendigkeit eines langen, konzentrierten Arbeitens und überlegt es sich plötzlich anders. Das liegt an der Schwachheit der Phantasie, denn die intellektuelle Faulheit ist ihm unbekannt. Ihm fehlt das Bewußtsein einer genauen Beziehung zwischen der intuitiven und der deduktiven Komponente des Denkens. Bei der Intuition springt er über zur Konklusion, und mitten im Deduzieren überrascht ihn die Intuition.

Sokrates und das Orakel

»Niemand ist weiser als Sokrates«, hatte die Pythia gesagt. Aber Sokrates wollte den Gott zu Delphi widerlegen und machte sich auf die Suche nach jemandem, der weiser wäre als er. Wäre es ihm gelungen, hätte er, frevlerisch, zu dem Gott sagen können: »Der da ist weiser als ich, du aber hast gesagt, daß ich es bin.« Seine Vermessenheit hätte triumphiert: indem er gezeigt hätte, daß er weniger weise wäre, hätte er bewiesen, daß er weiser wäre als der Gott der Weisheit. Aber es gelang ihm nicht, und so wurde klar, daß der Gott recht hatte, daß also niemand weiser war als Sokrates. Dies ist die griechische *hybris*.

GÖTTER UND MENSCHEN

Ewiges Leben und langes Leben

»Gott ist tot«, hat Nietzsche gesagt, mit einem allzu berühmten Wort. Im Zusatz: »Und wir haben ihn getötet«, verrät sich eine rationalistische Vermessenheit, spürt man das Brodeln – Gott möge es verzeihen! – eines aufklärerischen Fanatismus. Aber die Götter sind noch lebendig, wenigstens einige von ihnen. Und zwar deshalb, weil Gott ewig »war«, ein kaltes Idol, erzeugt und zerstört von der Vernunft, während die Götter, nach einem Wort des Empedokles, »ein langes Leben« haben.

Die Frage der Größe

Seelengröße, sagt Aristoteles, besteht in der Weigerung, die Überheblichkeit anderer hinzunehmen.

Wenn aber die Überheblichkeit ein direkter Ausdruck des Willens zur Macht ist, was bedeutet dann der Impuls der Größe? Ist auch er noch ein Wille zur Macht, in verwandelter Gestalt, oder vielleicht eine radikale Tendenz, das Leben im ganzen zu negieren, oder gar ein ursprünglicher Anstoß, der selbst dem Willen zur Macht noch vorausliegt? Wenn dieser sich in expandierende Kraftzentren aufsplittert, die ihre Gewalt nach außen entfesseln, so könnten dagegen die Regungen von Größe zentripetalen Strudeln der Verinnerlichung gleichen. Die Zentren des Willens zur Macht hindern sich, stoßen gegeneinander, die einen werden von den anderen unterdrückt und verschlungen, werden absorbiert und zerstört. Das setzt jedoch die Homogenität eines metaphysischen Gewebes voraus: wo diese fehlt, entfällt die Konfrontation und überhaupt jeder mögliche Gegensatz. Der Impuls zur Größe tritt nicht gegen den Willen zur Macht an: seine Natur ist eine andere, sein Streben geht in die entgegengesetzte Richtung. Und ohne Widerstand gibt es keine Zerstörung. Diese sonderbare Hypothese einer metaphysischen Struktur wird von den Upanischaden gestützt: »Wenn einer außer sich selbst nichts anderes sieht, nichts anderes hört, nichts anderes kennt, das ist Größe; wenn einer etwas anderes sieht, hört oder kennt, das ist Kleinheit... In unserer Welt heißt Größe der Reichtum an Kühen, an Pferden, an Elefanten, an Gold, an Sklaven, an Frauen, an Feldern, an Ländereien. Aber das ist es nicht, was ich meine, das ist es nicht, was ich meine, denn dann stützt sich immer ein Ding auf das andere.« Die Größe, das *bhūman*, entdeckt man in sich selbst, im inneren Grund des Lebens. »Diese Größe ist alles, was existiert... Wer so denkt, so meditiert, so erkennt ..., der ist absoluter Herr. Er kann in allen Welten alles, was er will. Diejenigen, die anders denken, leben in Abhängigkeit und sind den Welten geweiht, die untergehen. Sie können nicht in allen Welten, was sie wollen.« Wo die Bedingungen der Vorstellung fehlen – das Subjekt und das Objekt – da verfliegt die Fata Morgana des Willens zur Macht.

Triumph der Freude

In den tiefen Religionen wie der indischen und der griechischen findet die freudige und überschäumende Begeisterung des Lebens einen Ausgleich für die Enthüllung der Welt als Illusion und Schein: so entstehen die Götter, geschaffen von der Erkenntniskraft des Menschen, Symbole, die auf einen Hintergrund verweisen, auf etwas, was hinter dem Bild der Sinne liegt. Der Gott drückt das Verblassen der Welt aus, ins Positive verwandelt: wenn alles Schein ist, hier also steht euch lebendig vor Augen, wovon alles Schein ist.

Das Individuum als Illusion

Was ist das Individuum, ein Baum, ein Tier, ein Mensch? Zweifellos nichts Absolutes, nichts Autonomes, nichts Elementares; höchstens bricht sich etwas in ihm, was, in eine Kategorie der Abstraktion übersetzt, ein Vielfältiges genannt werden kann. Das Individuum ist eine Gruppe von Vorstellungen, die, verknüpft in Raum und Zeit, ein inneres Prinzip zu vereinigen scheint. Keine Vorstellung aber – und folglich auch keine Vorstellungsgruppe – besitzt ein inneres Prinzip. Denn eine Vorstellung ist entweder von einer anderen Vorstellung oder metaphysisch (von einem äußeren Prinzip) bedingt.

Die Inder und die Griechen billigten dem Individuum keine wahre Realität zu. Die orphischen Reden über die »Seele« spielen auf einen vorindividuellen Archetyp an, obgleich gewisse exoterische Ausschweifungen Platons dazu beigetragen haben, Verwirrung zu stiften. Hierüber sollte man lieber Empedokles befragen. Im übrigen ist bekannt, daß die pythagoreische Lehre, Parmenides und Platon die Individuation von oben herab betrachten. Später dachte man anders und pochte auf die Realität des Individuums. Heute ist das Individuum mehr denn je die primäre Tatsache, über die hinauszugehen unmöglich oder müßig ist. Es fehlt jedoch eine theoretische Rechtfertigung für diesen der Individuation verliehenen Vorrang: zwar schon ein wenig abgestanden, doch hierfür noch immer am besten geeignet wäre die Aristotelische Lehre des Synholon. Das ist ja die Stärke der historischen Exegese: eine gute Autorität für eine schlechte Sache zu erfinden. Aber Aristoteles hat nicht behauptet, daß das Individuum eine objektive Realität besitzt; er hat lediglich behauptet, daß die Kategorie der Individuation der Unmittelbarkeit am nächsten kommt, doch fällt sie durchaus nicht mit ihr zusammen. Jene betrifft das Sagen, diese den Gegenstand. Erste Substanz nennt Aristoteles zum Beispiel »einen bestimmten Menschen«, also das Individuum: diese Substanz ist eine Kategorie, ein Wort, ein Sagen, und daher gehört das Individuum dem Sagen an, auch wenn es von allen Worten heißt, daß sie eben dem Individuum entstammen. Was man mit diesem Wort andeutet, ist dagegen »etwas Unmittelbares«, sagt Aristoteles, also nicht länger ein Individuum, sondern etwas, dessen Natur nicht die eines Wortes ist.

Der große Gedanke

Die Animalität im Menschen nicht nur anzuerkennen, sondern in der Animalität das Wesen des Menschen zu behaupten: das ist der schwere, entscheidende Gedanke, Vorbote des Sturms, der Gedanke, vor dem der ganze Rest der modernen Philosophie zu Heuchelei herabsinkt. Schopenhauer hat ihn ausgesprochen, und Nietzsche ist sein einziger authentischer Exeget gewesen, indem er ihn im Bereich des menschlichen Geschehens bestätigt hat. Die dunkle Wurzel der Animalität, der blinde Wille zu leben, blickt aus den Mythen der antiken Religionen hervor. An den indischen Ursprung erinnert Schopenhauer; das Symbol dieser totalen, einheitlichen Vision des Lebens ist der Gott, zu dem Nietzsche sich bekannt hat. Dionysos wurde als Stier dargestellt (wie Osiris mit Apis identisch war), er war der »Herr der wilden Tiere«, der Esser von rohem Fleisch, der Zerreißer der Kreaturen, der Jäger Zagreus; sein Gefolge bestand aus Wesen, die halb Mensch und halb Pferd waren, aus delirierenden Mänaden, die, mit Leopardenfellen bekleidet, Rehkälbchen und Zicklein zerfleischten. Ursprünglich symbolisiert die Maske die Verwandlung des Menschen zum Tier: in den frühen *komoi* erschienen die Anhänger des Dionysos als Tiere verkleidet. Das dionysische *pathos* ist dem christlichen Mitleid entgegengesetzt: wer Mitleid empfindet, läßt in der Teilnahme am Leiden die eigene Individualität unversehrt; jenes hingegen entflammt durch den Bruch der Individuation, und so lebt der Schwarm des Dionysos unmittelbar, nicht bloß von außen, die Einheit zwischen Mensch und Tier. Der innere Riß im Willen zu leben zeigt sich in der ständigen Labilität, im tragischen Gewebe der einander widerstreitenden animalischen Impulse; bald lebt der vom Gott Besessene die Qual des verfolgten Opfers, bald die Grausamkeit des blutrünstigen Verfolgers: die beiden Rollen verschränken sich in der dionysischen Leidenschaft. Nietzsche kannte die geschichtlichen Zeugnisse über die Religion des Dionysos nur lückenhaft, doch wunderbar hellsichtig verstand und durchdrang er den Gott in seiner vollen Bedeutung. Im Christentum hat Nietzsche die unwahre, die rationalistische und anthropozentrische Religion bekämpft, die dem Menschen in der Welt eine isolierte Stellung gegeben und dafür die Animalität im Menschen verleugnet hat. Seit vielen Jahrhunderten waren die Philosophen dem Fluch dieses Urteils erlegen – sie sind es bis auf den heutigen Tag – und haben ihr Heil in Lösungen gesucht, die (weil auf das gestützt, was nur uns eigen ist) trennend, rationalistisch und »human« waren. Descartes hat uns gesagt, daß die Tiere nur Raumstücke sind. So kommt es, daß Nietzsche, der kein Mittel gescheut hat, damit die Menschen von ihm diese Wahrheit vernähmen (indem er ihnen Schopenhauer verständlich zu machen suchte, der sich, weit entschiedener in seiner Verachtung, abseits gehalten hatte), wie ein »Befreier« vor uns erscheint, um ein Epitheton zu gebrauchen, mit dem die Griechen Dionysos benannten.

Kritik des Todes

Eine optimistische Ansicht des Lebens beruht auf der Leugnung des Individuums: das ist kein Paradox. Wenn das Individuum unwesentlich und illusorisch ist, so gilt dies auch für seinen Untergang, für den Tod überhaupt. Wenn alles, was erscheint, als Ausdruck von etwas anderem verstanden werden kann, dann ist der Tod das Ende des Ausdrucks, der Schlußaspekt der Erscheinung und bisweilen ihre Vollendung. Die Qual des Todes zeigt die Unangemessenheit allen Ausdrucks: hier hört er auf, und das Unmittelbare, das, was er ausdrückt, ist nicht gewonnen worden. Der Ausdruck enthüllt die Unmittelbarkeit nur in bestimmter Weise: diese Bestimmtheit bringt auch den Tod mit sich, aber das Unmittelbare ist unerschöpflich. So tief ist die ewige Wiederkehr begründet, daß sie den Tod als etwas Illusorisches, Instrumentelles und nicht Definitives entlarvt. Dies war der Optimismus, den Nietzsche erreicht, aber nicht sicher fundiert hatte. Mit dem Tod ist nichts zu Ende, nicht einmal jener Ausdruck (es sei denn in seinem zufälligen, momentanen Geschehen), denn er wird ewig wiederkehren. Ist dem Tod der Schrecken genommen, wird auch der Schmerz verwandelt und erscheint in einem dionysischen Licht; denn er ist ein Instrument, eine Manifestation des Lebens, nicht des Todes. Im Unmittelbaren liegt die Wurzel des Schmerzes, die Gewalt, aber auch die der Freude, das Spiel. Schmerz, Freude und Tod drücken das Unmittelbare aus, gehören dem Leben an.

Menschlich, allzumenschlich

Einer, der sich auf die antike Welt beruft, wie Nietzsche es tut, darf nicht so aufdringlich von der eigenen Person sprechen. Dies ist die erste Bedingung, um etwas mitteilen zu können, was der eigenen Zeit nicht verhaftet ist, wie er es beansprucht. Mir scheint, daß Platon sich in seinen Schriften zweimal selbst erwähnt, in ganz äußerlichen Zusammenhängen.

Vibration des Abstrakten

Die emotionale Erschütterung, der Schock, ist ein Element in der Ausdruckstechnik, das von Empedokles stammt. Es kennzeichnet den rhetorischen Effekt, und als solcher tritt es bei Platon hervor. Die Evidenz dieser Absicht, dieses Tuns, hat sich im Lauf der Jahrhunderte verloren, aber auch heute noch ist das, was einer jeden Abstraktion, einer jeden gesprochenen oder geschriebenen Rede Reiz und Konsistenz verleiht, ihre, sei es auch unbemerkte, Beziehung zu einer Welle der Emotion. Auch eine mathematische Gleichung fesselt uns, wenn plötzlich der Lösungsschritt greifbar wird, durch ihre Emotionalität. Das Abstrakte ist ein Durchgangsmoment, um zur emotionalen Erschütterung zu gelangen, um auf sie anzuspielen, wenn es auch meist als Ziel und Substanz mißverstanden wird. Und nicht nur vom Wort eines lebendigen oder toten Menschen fühlt unsere Sehnsucht nach Emotion sich angezogen; vielmehr ist alles, was uns umgibt, die ganze Welt in ihrer erscheinenden Körperlichkeit, nichts anderes als Abstraktion, und ohne es zu wollen oder zu wissen interpretieren wir sie als Durchgangsmoment einer erschütternden Emotion.

Lästige Worte fürs moderne Ohr

Heraklit hat die folgende Sentenz ausgesprochen, die auf die Menschen im allgemeinen gemünzt ist: »Einmal geboren, wollen sie leben und Todesschicksale haben oder vielmehr ausruhen, und sie hinterlassen Kinder, daß wieder Todesschicksale entstehen.« Heute empfindet das »historische« Ohr diese Worte weder als kränkend noch als empörend: all das klingt sehr »heraklitisch«. Aber soll man wirklich glauben, um den Durchschnittsmenschen jener Zeit habe es schlechter gestanden als um den Durchschnittsmenschen, der in unseren Tagen lebt? Wenn nicht, gibt es dann einen Grund, die Worte desjenigen für überspannt, wahnhaft, pathologisch zu erklären, der, wie Nietzsche, mit gleichem Pessimismus, und unverhohlener Verachtung, über die Natur der Menschen gesprochen hat? Nietzsche hat freilich in der klarsten Weise gezeigt, daß es auch Menschen gibt, die den von Heraklit beschriebenen entgegengesetzt sind; und dies mit dem eigenen Leben zu beweisen, ist eine objektive Katharsis im Hinblick auf jenen Pessimismus. Denn ohne jeden Zweifel ist Nietzsche kein Mensch gewesen, dessen Lebensimpuls wesentlich auf »Ruhe« gezielt hätte.

Zweideutigkeit eines Problems

Daß das Prinzip der Individuation etwas Radikales, für die Wirklichkeit Konstitutives ist, scheint Nietzsche oft zu bestreiten: mit schwachen Beweisen sucht er die Einheit des Individuums in eine Verbindung von Grundkomponenten zu zerlegen. Doch die Ablehnung des *principium individuationis* ist nur ein Schein: bestritten wird die umfassende Einheit, die plastische Gestalt des Individuums, seine Festigkeit oder Permanenz, was aber an deren Stelle tritt, die Grundbestandteile, ist ganz von derselben Natur. Das Individuum wird aufgelöst in kleine Individuen. Was uns als Individuum erscheint, besteht aus einer Vielzahl von Lebewesen, so lautet die naive Erklärung Nietzsches. Im übrigen könnten wir, seiner Lehre folgend, diese Grundtatsache ein »Wollen von etwas«, einen »behinderten Willen« nennen, Ausdrücke, die den Ursprung der Individuation auf eine innere, subjektive Erfahrung zurückführen. Siedelt man den Begriff »Hindernis« im Kern des »Willen zur Macht« an, so wird dieser in gewisser Weise individuiert, denn man setzt ein »von ihm selbst Verschiedenes« voraus, das ihn von allen Seiten bestimmt. Es scheint also, daß Nietzsche die Wirklichkeit des Subjekts, der Individuation und selbst des Willens zwar kritisiert hat, daß er in seinem reifen Denken jedoch aus dieser Sphäre nicht hat ausbrechen können und daß er schließlich das Individuum als etwas Wesentliches angesehen hat. Mehr Konsistenz hatte seine Lehre im Jugendalter besessen, als das *principium individuationis* durch Apollo illustriert wurde, während Dionysos die Vernichtung dieses Prinzips bedeutete. Die Antithese trug den Stempel Schopenhauers und seiner Entgegensetzung von Schein und Willen. Damals stammte der Illusionscharakter der Individuation aus der Natur Apollos selber; als in der Folge der metaphysische Bruch und der Begriff des Scheins von Nietzsche zurückgewiesen wurden, war es naheliegend, dem *principium individuationis* ein substantielles Gewicht zu verleihen. Ist nämlich die Welt des Scheins die einzige Welt, die wirkliche Welt, dann muß ihr Prinzip, das nach Schopenhauers Einsicht mit dem der Individuation zusammenfällt, das einzig wirkliche sein. Und schon wegen des agonalen Zuges in seinem Temperament hegt Nietzsche ein tiefes Verlangen, das Individuum zu etwas Absolutem zu erheben. Seine Einwände gegen die Individuation bleiben daher an der Oberfläche, sie melden verhaltenen Widerspruch an gegen die Schopenhauersche Gestalt der Lehre. Welcher Raum aber bleibt dann für die andere, von Dionysos vertretene Wirklichkeit? Auch dieser Gott wird von der Individuation angesteckt: in seiner Unmittelbarkeit, in seiner sprudelnden Vitalität, findet sich da nicht etwas in höchst konkreter Weise Bestimmtes, etwas Individuelles, ein Auseinanderfallen von Willensatomen? Und doch bedeutet die Maske, dieses so tief mit dem Dionysos-Kult verbundene Symbol, gerade das Gegenteil, nämlich das Zerbrechen des *principium individuationis*.

Nicht getäuscht werden und täuschen

Es besteht eine Verbindung zwischen der Sphäre der *apate* und der der *sophia*. Der Weise ist derjenige, der sich nicht täuschen läßt (und deshalb ist er mehr als jeder andere zur Täuschung fähig). Daß Kunst Täuschung ist, ist Nietzsches These, und von daher dehnt er bisweilen die Tendenz zu täuschen auf den Philosophen aus. Die Griechen legten von Anfang an einen Zusammenhang fest zwischen Weisheit und Täuschung. Wer etwas besitzt, was allen verborgen ist, ist in der Lage, sie zu täuschen, oder täuscht sie tatsächlich, sei er Mensch oder Gott. Der parmenideische Weise hebt den Schleier von einer verborgenen Göttin, verzichtet auf die Täuschung oder bedient sich vielleicht einer milderen, menschenfreundlicheren Täuschung: so also erscheint *Aletheia*.

KUNST IST ASKESE

Ein Weg zurück

Der Künstler ahmt nichts nach, er schafft nichts: er findet etwas in der Vergangenheit wieder. Wir sind diese Welt von Formen, Farben und Individuen leid, sind davon erdrückt, ernüchtert: die Kunst ähnelt keinem Ding dieser Welt. Der Künstler kehrt den Lauf der Zeit um, er entdeckt, aus welcher Vergangenheit diese Gegenwart entstanden ist, ruft diese Vergangenheit hervor, läßt sie wiederauftauchen. Aber die umgekehrte Zeit, die Zeit der Kunst, wird nicht von der Notwendigkeit regiert, sie ist bizarr und unvorhersehbar. Jene Vergangenheit entspringt aus einer anderen Vergangenheit, doch gibt es zwischen ihnen keine Kontinuität. Die scheinbare Lebendigkeit der gewohnten, gegenwärtigen Existenz kann der Künstler nicht zustande bringen: es ist das von ihm verworfene Band der Notwendigkeit, das sie erzeugt. Die scheinbare Abkehr dagegen, die die künstlerische Existenz vollzieht, ist eine Wiedergewinnung der anfänglichen Vorstellungen, die, miteinander verbunden, das Individuum entstehen lassen. Als isolierte entziehen sie sich jeder diskursiven, bewußten Erkenntnis, wie die Individuation sie verlangt. Aber der Künstler findet sie auf wunderbare Weise wieder: sie sind der Stoff, aus dem jedes Individuum besteht; sie wiederzugewinnen, ist also demjenigen möglich, der im Vorstellungsnetz weit genug zurückzugehen vermag. Als isolierte genommen, ist die anfängliche Vorstellung nur darum indirekt und abgelegen, weil sie aus dem Zusammenhang des gegenwärtigen Lebens herausgelöst wurde, welches Unmittelbarkeit vortäuscht, in Wirklichkeit aber das Reich der Abstraktion ist: sie ist also nur scheinbar fern, in ihrer Nähe zur Wurzel der wahren Unmittelbarkeit ist sie jedoch glühend konkret.

Dies ist der Weg des Künstlers, von der einen anfänglichen Vorstellung zur anderen, auf der Spur der umgekehrten Zeit, in Richtung aufs Unmittelbare. Und wenn es Sinn hat zu sagen, daß unsere Welt, der Schein, ein Abfall ist vom verborgenen Grund der Unmittelbarkeit, aus dem sie entspringt, dann wird auch die analoge Behauptung erlaubt sein, daß der Weg der Vorstellung, dem der Künstler folgt, zu einer Sphäre der Vollkommenheit führt, der Angemessenheit an die Quelle des Lebens. Aber jene anfänglichen Vorstellungen, die der Künstler erreicht, finden sich, wegen ihrer archetypischen Natur, im alltäglichen Bewußtsein des Menschen nicht wieder, das heißt, sie sind im Bereich unserer Bilder, Farben und Formen nicht enthalten. Der Künstler übersetzt sie also in Gegenstände dieser Welt, auch wenn sie uns schon angehörten und bloß noch nicht gefunden und festgehalten worden waren.

Diese Übersetzung ins Materielle bezeichnet den Punkt, an dem der Künstler seinen Weg der Trennung verläßt, seinen Versuch aufgibt, den Lauf der Welt umzukehren: wenn er sein Werk realisiert, kehrt der Künstler in das breite Bett des Ausdrucksstroms der Welt zurück und folgt der Tendenz zum Abstrakten.

Die Kunst gewinnt also eine Perspektive zurück, welche derjenigen der Individuation vorausgeht. Wem es gelingt, das Gewebe der Notwendigkeit zu zerschneiden, die Wortgebäude niederzureißen und die falsche Körperlichkeit der Welt zu zertrümmern, der läuft Gefahr, von der Gewalt, die sich hinter der bezwungenen Notwendigkeit erhebt, übermannt zu werden: beim Gerinnungsprozeß des Individuums manifestiert sich die Gewalt als Innerlichkeit, als Empfindung oder Gefühl des Schmerzes. An dieser Klippe scheitert, wer kein Künstler ist, wer es nicht vermag, die Angst zu besiegen und die Spur der Erinnerung noch weiter zurückzuverfolgen. Die Gewalt als Schmerz aber ist von jenen anfänglichen Vorstellungen bedingt, die der Sphäre des Individuums vorhergehen. Wer sich darüber hinauswagt, findet die Gewalt vermischt mit dem Spiel. Jene ersten Vorstellungen sind Erinnerungen ans Unmittelbare, sind Augenblicke, in denen all die abstrakten Bedingungen wegfallen.

Unvermögen und Widerwille

Die Kunst, die ernsteste und die aufgewühlteste, ist Askese, Abkehr vom Leben. Und im Künstler – wenn wir die Frage psychologisch betrachten, im Hinblick auf die zufällige Perspektive seiner Person – entspringt die Abkehr vom gegenwärtigen Leben entweder dem Unvermögen, sich mit der scheinhaften Unmittelbarkeit, dem trüben Strom der Gegenwart (leichte Beute für die Vulgären) zufriedenzugeben, der Weigerung, beim Handeln der Erste zu sein, der Erfindung eines Bildes und einer Emotion als Ersatz; oder sie entspringt der Verachtung und dem Widerwillen für den Abgrund des pochenden Lebens, einem instinktiven Ekel und einem Pessimismus gegenüber dem expressiven Schwung der Lebensgestalten. In der Kunst ist der Aspekt der Trennung der entscheidende und signifikante.

Dionysisch und barock

Nietzsche ist blind für die griechische Skulptur (wie für die Architektur). Sein Reaktionsvermögen war in dieser Hinsicht noch das von Winckelmann und Goethe, obgleich ihm ein größerer Reichtum von Anregungen und Informationen zur Verfügung stand. So liest man in einer seiner Jugendschriften die erstaunliche Feststellung, daß der musikalische Verklärungsrausch des dionysischen Orgiasmus von Skopas und Praxiteles zu Statuen verdichtet worden sei (von Künstlern des vierten Jahrhunderts v. Chr.).

Mystische Entkleidung

Nehmen wir von der Welt die Kette der Notwendigkeit weg: wir haben sie mit ihr umschlungen, also können wir sie auch entfernen. Das tut die Kunst, ohne es zu wissen. Was bleibt dann von dem, was wir um uns her sehen? Kein Körper, kein Ding, keine begrenzte Gestalt, denn all das besitzt eine Festigkeit, eine Dauer, und alles Dauernde erscheint als etwas, das von sich selbst nicht verschieden sein kann, das also von der Notwendigkeit konstituiert worden ist. Was ist eine Welt ohne beständige Objekte? Wenn wir aus der Kindheit heraustreten, verlassen wir ein Universum, in dem uns kein Band der Notwendigkeit führt. Und dieses Band, diese Kette, bewegt sich stets in dieselbe Richtung, in eine allein, in die Richtung der Zeit, weil Zeit und Notwendigkeit im Innern verwandt sind. Der Impuls der Kunst ist es also, zurückgehend die Festigkeit der Objekte zu zerbrechen und, mit einer Umkehrung von der Gegenwart zur Vergangenheit, sich der reißenden Zeit zu widersetzen. Verschwinden aber müssen nicht nur die Konsistenz und das Fließen der Dinge, sondern auch die notwendigen Beziehungen zwischen ihnen, ihre Fesseln, das heißt der Kausalitätszusammenhang. Stellen wir uns eine von der Notwendigkeit entblößte Welt vor, eine Nicht-Welt, wo die *mania* regiert, wo das geronnene Individuum aufbricht und seine Grundkomponenten mit Macht sich befreien, wo die Empfindung noch das Zittern, die Erschütterung eines Reagierenden ist und nicht die »Synthesis der Apprehension«. Das ist es, was die Kunst wiederherstellen will, das Unmittelbare des Lebens, das, als Tiefe oder als Vergangenheit, in dem verblieben ist, was eine organische, geordnete, körperliche Existenz zu sein scheint, in Wirklichkeit aber Verkrustung, Sediment, kristallinische Erstarrung von Kategorien ist. Hier äfft das Abstrakte das Konkrete nach, mit einer Grimasse, die immer getrogen, die den Glauben erweckt hat, dies wäre das Leben.

Im Rücken ein Abgrund

Hinter der Notwendigkeit liegt die Gewalt, ihre Wurzel. Jene kann man entfernen, ausschalten, diese aber bleibt. Das ist es, was dem Künstler widerfährt: er hat die Eismaske gelüftet, die keine Verschiedenheit kennt, hat die Spinnennetze der Abstraktion zerrissen und das feine Gewebe des Optimismus zertrennt, wo die Gewalt sich hinter der Fata Morgana der Finalität versteckt, wo alle plastische Fülle, alle solide Körperlichkeit, jede Form und Farbe eingeflochten ist in das Band der erlogenen und erfundenen Notwendigkeit. Dahinter stößt er auf die unverhüllte Gewalt, auf die Qual, die in der Tiefe der Dinge liegt: durch die Zeit nicht entrollt, nicht kanalisiert, nicht erstarrt, nicht abgekühlt, sondern brutal, konzentriert und ungeteilt. Der Künstler erhebt Einspruch gegen die Maskierung, mit der die Gewalt sich in dieser Welt manifestiert hat: lieber gar keine Hülle und den rasenden Haß als diese Maske der Anpassung an einen Zweck, des heuchlerischen Optimismus. Dazu dient die Kunst: auch wenn die Gewalt als Notwendigkeit auftritt, wenn sie den Schein eines plastischen und konstruktiven Impulses annimmt, kann ihr die Täuschung nicht gelingen, kann sie die eigene Natur nicht verbergen. Der Künstler flieht die Notwendigkeit, nimmt der Gewalt ihre Maske.

Wagner und nach Wagner

Das große Glück für Nietzsche als Ästhetiker bestand darin, daß er nach dem außergewöhnlichsten lebendigen Modell arbeiten konnte. Das, was wir, als Kategorie, »moderne Kunst« nennen können und was Euripides, Shakespeare sowie viele andere Gestalten aus fernen Zeiten umfaßt, erreicht mit Wagner den Gipfel seiner Entfesselung. Deren Zeuge ist Nietzsche gewesen, und der Eindruck, den er empfing, hat ihn derart erschüttert, daß sein ganzes Leben aus der Bahn geworfen wurde, doch zum Ausgleich gewährte er ihm einen entscheidenden und endgültigen Blick auf das gesamte Phänomen. Man wird es Nietzsche also verzeihen können, daß er »moderne Kunst« mit Kunst überhaupt gleichgesetzt hat. Was sich bei Wagner manifestiert, der Illusionismus, der sich zum eigenen Besten den ganzen Rest des Lebens einverleibt, die Fälschung, die Verstellung, die vorsätzliche Zertrümmerung jedes inneren Archetyps, jeder Leichtigkeit, jedes Spiels, jeder Form, das Lob des Dunkeln, des Trüben, des Weichen auf Kosten aller Klarheit und allen Maßes, kurz, all das, was die Kunst nach Wagner aufgenommen und angewandt hat, ist in diesem letzten Jahrhundert nicht in der Lage gewesen, etwas, ich sage nicht Gültigeres, sondern dem eigenen Zweck Angemesseneres auszudrücken, verglichen mit dem, was

Wagner selbst ausgedrückt hatte. Wo der höchste Wert in der Erschütterung der Eingeweide, in der Benebelung des Verstandes des Zuschauers, des Hörers, des Lesers besteht, hat es niemanden gegeben, der mit dem Tod, der Entkräftung, der Krankheit im gleichen Maß zu verwirren, zu betäuben, zu begeistern und zu verführen gewußt hätte, wie es Wagner gelungen ist, dem großen Magier. Heute versucht man das Gehirn zu konditionieren – ihm war das gelungen, weil er auch die Eingeweide traktiert hatte.

Die Jugend irrt

Verblüffend die Sympathie, welche Männer wie Leopardi und Schopenhauer für einen hoffnungslos oberflächlichen Rationalismus bewiesen haben – einen wahren Hymnus an die Mittelmäßigkeit –, wie es derjenige der Aufklärung ist. Das widerspricht entschieden ihrem intellektuellen Niveau! Die Erklärung liegt vielleicht in ihrer Frühreife und ihrem Eigensinn, in der überheblichen Anhänglichkeit an die ersten Intuitionen. Ihr Denken hat sich in allzu jungen Jahren gebildet, ist zu früh in festen Formen erstarrt.

Geiz des Stilisten

Nietzsche notiert sich bisweilen in seinen Heften die »guten Ausdrücke«, unter denen sich nicht mehr gebräuchliche Verben und Substantive, besondere Wortzusammenstellungen usw. finden; zu gegebener Zeit sucht er sie dann hervor und benutzt sie. Jeder gute Moment der Seele wird schriftlich ausgebeutet, wie auch jede verlockende Klangfärbung. Und Nietzsche geht schlau zu Werke, wenn er später diese Fragmente zusammenfügt und mit kluger Berechnung den Eindruck erzeugt zu improvisieren.

Ein Matador

Nietzsche ist Shakespeare verwandt in der souveränen Fähigkeit, den Menschen als Stoff fürs Theater zu betrachten. Es scheint fast, als hätte es die Vergangenheit nur deshalb gegeben, damit er sie darstellen könne, damit er dem Zuschauer seine Weise, sie darzustellen, aufzwingen könne. Es gibt in ihm eine Veranlagung – und sie macht sich bei jeder Gelegenheit bemerkbar –, die Vergangenheit der menschlichen Seele mit einer Intensität noch einmal zu leben, die nichts anderes ist als Identifikation des Schauspielers. In diesem Aussichherausgehen, dieser hellseherischen Einfühlung hält sich jedoch die subjektive Vermessenheit des Komödianten durch, die sich im »überladenen« Ausdruck verrät. Seine Rezitationspraxis ist durchaus nicht naturalistisch, auch nicht formal, teilnahmslos, vielmehr pathetisch, auf Effekt bedacht, barock, forciert. Selbst wenn er von Dingen spricht, die seinem Publikum unendlich fernliegen, etwa vom alten Griechenland, ist er bestrebt, Eindruck zu machen, zu beunruhigen, zu involvieren. Um dies zu erreichen, zieht er es häufig vor, die Tiefe einer von ihm gegebenen Interpretation nicht deutlich werden zu lassen oder sie undeutlich zu machen. All das trägt dazu bei, den physiologischen Zugriff der Schreibweise Nietzsches zu erklären.

Ein Spielverderber

Bis zu Nietzsche liebten es die Deutschen, die Kunst als ein stilles Vergnügen anzusehen, als etwas, das schweigsam, mit Frau und Kindern, zu »genießen« ist, als eine Zierde der Familie, wie die Hausmusik. Auch Goethe, der unverdaulichere Speisen zu bereiten wußte, paßte sich an und ließ sich in dieser Weise »genießen«. Aber Nietzsche verdarb den Deutschen dieses Vergnügen, als er ohne Rücksicht und mit großem Getöse die Kunst als verlogen und frech, als buhlerisch, schamlos und theatralisch anprangerte, gänzlich ungeeignet für die Familie.

Große Seelen

Beethoven, Dostojewski und einige andere sind die »großen Seelen« der modernen Zeit. Als wahre dionysische Drogen locken sie an, ziehen mit sich fort, packen tief im Innern und reißen nicht nur aus dem Alltag heraus, sondern sogar aus der Individuation. Alle Kleinlichkeit wird hinweggefegt, und nach dem Angriff weitet sich die Brust in dem Gefühl, daß dieses Leben es gerade in seiner erschütternden Vehemenz, in seiner Schrecklichkeit verdient, gelebt zu werden;

sie sind die großen Optimisten, die Rechtfertiger der Existenz. Auch Nietzsche ist eine »große Seele«, doch wendet er sich an die auserwählten Seelen, auch wenn seine Sprache nur selten esoterisch erscheint. Die anderen werden von ihm bloß irregeleitet oder getäuscht. Jene beiden dagegen machen für einen Moment diejenigen zu Eingeweihten, die es nicht sind, sie sprechen zu allen, weil ihre Töne, ihre Bilder nicht aus ihren Personen kommen, sondern aus einer Region jenseits der Individuation, von der Mutter aller Individuen.

Lehre der Kulmination

Warum läßt sich fast alles, was diese Welt an Vollkommenem und Erlesenem kennt, in der Kunst erfahren? Weil hier das Leben gereinigt erscheint von seiner degenerativen Tendenz, von dem einer jeden Manifestation der lebendigen Wirklichkeit innewohnenden Verfall, entblößt vom Panzer der Notwendigkeit, frei vom Schmerz der Individuation. Mit der Kunst zeigt sich die Gewalt in ihrem fließenden Charakter, das Spiel in seinem Triumph. Doch die Kunst erfindet nichts, sie zieht verborgene Juwelen aus dem Gewebe des Lebens hervor. Was sie wiedergewinnt, sind anfängliche Vorstellungen, ursprüngliche Erinnerungen, Augenblicke: das Leben ohne den Aspekt des Fatalen, Bleiernen, Verketteten, Dekadenten und Erlöschenden; das Leben in seiner aufsteigenden, von der Gegenwart zur Vergangenheit führenden Struktur, die sich in Momente und Blitze auflöst. Der Kunst entspricht es nicht, beim isolierten Fragment stehenzubleiben, sich in ihm zu verlieren; ihr Streben ist dem kosmologischen Impuls entgegengesetzt, es führt sie von einem Augenblick zum anderen, bis sie denjenigen erreicht, der, in Richtung aufs Unmittelbare, an etwas erinnert, was nicht mehr ein Augenblick ist, was nicht an ein andres erinnert. Dieses Fließen von Augenblick zu Augenblick kennt einen Rückfluß, in dem der Künstler beginnt »hinabzusteigen«, zu sagen, was er gesehen hat. Er hat die Gegenwart verlassen und in der Vergangenheit gelebt; jetzt will er zurückkehren und knüpft eine Vorstellungskette – das Kunstwerk –, um die anderen Menschen in der Gegenwart zu erreichen. Sein Rückgang war keine Zerstörung der Welt: der Künstler ist ein Demiurg, der das Gewebe der Vorstellungen bereichert. Damit sich der Ausdruck in eine lebendige Vorstellung übersetzen kann, werden im Kunstwerk die Mittel der Kosmologie akzeptiert: Zeit, Raum, Zahl, Kausalität, Notwendigkeit. Die Ordnung, die Reihenfolge, in denen der Künstler im aufsteigenden Leben die Augenblicke zurückgewonnen hatte, werden im herabsteigenden modifiziert, ja es wäre nicht einmal möglich, sie unverfälscht wiederzugeben, weil sich die Bedingungen der Vorstellung in den beiden Fällen nicht gleichen. Der Jäger der Vergangenheit und der Kosmologe sind zwei verschiedene Subjekte, die in ein und demselben Menschen wohnen. Es kann passieren, daß das, was bei der Rückgewinnung am Anfang stand, im Werk sich am Ende findet; es kann passieren, daß eine Folge von Augenblicken sich in der künstlerischen Realisierung als ein Sturzregen, eine Gleichzeitigkeit manifestiert, zum Beispiel in der Malerei. Und was jenseits des

Augenblicks liegt, das Unmittelbare, das Ziel des rückwärts gerichteten Laufs des Künstlers, das Unsagbare und Unnahbare, muß bei dem Wege hinab einen Ausdruck finden: hierin gipfelt das Kunstwerk. Für das alles gibt es kein klareres Beispiel als die Musik: sie ist Entdeckung von vorindividuellen Fragmenten, inneren Augenblicken; ist deren Übersetzung in die Hörbarkeit, in die am wenigsten plastische unter den kosmologischen Bedingungen; sie liefert die Architektonik des Ausdrucks, die darauf zielt, den höchsten Moment einzuschließen, vorzubereiten und auszulösen. Jedes musikalische Gebäude, ob groß oder klein, hat seinen Kulminationspunkt. Anfang und Ende der musikalischen Kritik könnten im Hinweis auf die Takte bestehen, in denen dieses höchste Niveau erreicht wird, diese Kulmination des hinauf- und hinabsteigenden Lebens des Komponisten. Mehr ist nicht nötig für den, der zu folgen weiß. Der große Meister auf diesem Gebiet des Augenblicks und der Kulmination ist für uns Moderne Goethe: in wenigen Versen hat er uns dieses Geheimnis zu überliefern gewußt, als er Galatea auf den Fluten des Ägäischen Meeres erscheinen ließ.

Die Angst als Lücke

Nietzsche setzt stets die Kunst der Erkenntnis entgegen, gleichgültig, ob er Partei für diese ergreift oder jener den Vorzug gibt. Und auch dann, wenn er die Kunst so universal faßt, daß sie Metaphysik, Religion und Wissenschaft zu absorbieren scheint, Tätigkeiten, die unter dem Titel von Lüge und Fälschung allesamt eins werden, gibt es noch etwas Entgegengesetztes, die »Wahrheit«. Doch Wahrheit bedeutet in all seinem Denken für ihn – den treuen Schopenhaueraner – Intuition des Schmerzens, der Eitelkeit und Nichtigkeit des Lebens. Unter dieser Perspektive sind alle Phasen Nietzsches nur Variationen über ein identisches Thema. Die Erkenntnis ist die große Feindin der Kunst; doch die Erkenntnis ist nicht im Besitz der Philosophen, die vielmehr selber nichts anderes sind als Künstler (oder Asketen). Aber ist denn Dionysos nicht der Gott der Erkenntnis? Wenn das stimmt, ist es dann nicht eine Lüge zu behaupten, daß Dionysos der Gott ist, der ja sagt zum Leben? Wenn Dionysos der Gott ist, der erkennt, wenn die Wahrheit in seinem Besitz ist und wenn die Wahrheit die ist, die Nietzsche meint, dann muß es seinem Dionysos vor dem Leben grauen. Ist etwa Nietzsche, Schüler von Dionysos, der lügnerische Künstler, der seinen Meister verfälscht? Die Bejahung des Schmerzes ist ein Paradox, unfähig, vor der Angst zu bewahren; denn Nietzsche hat keine theoretische Struktur zu finden vermocht, die seinem Verlangen nach einem dionysischen Optimismus Halt gewährt hätte (so sehr war er, in seinen Absichten, ein Rationalist). Die Intuition der ewigen Wiederkehr war eine Eroberung, etwas Wesentliches aber fehlte noch; der Geist, der diesen Gedanken empfing, dünkte sich erhaben, und doch übermannte ihn die Angst dieser Erkenntnis, mit größerer Verzweiflung als je eine Angst zuvor. Die Ursache dieser Angst war dennoch bloß Schein, auch der Schmerz und die »Wahrheit« waren Schein, nicht nur die Kunst: hierin bestand seine Lücke. Wäre Nietzsche darüber hinausgegangen, so hätte er die Kunst nicht so starr der Erkenntnis entgegengesetzt und sie nicht einseitig als generellen Hang zur Lüge betrachtet, sondern sie wäre vielleicht in einer freundlicheren, klareren, beruhigenderen und erhebenderen Sphäre angesiedelt worden, in einer anderen Erkenntnis, wäre selbst als Erkenntnis aufgefaßt worden. Es ist der Abgrund der Unmittelbarkeit, vor dessen Anblick Nietzsche erschrocken zurückweicht. Aber die Kunst ist eben das, was zu jenem Abgrund zurückführen will, mit einem Sog, der fortreißt und wegführt von allem Schein.

Tragödie als Hieroglyphe

Statt als Spannung und Harmonie zwischen Apollinischem und Dionysischem läßt sich die griechische Tragödie verstehen als das *pathos*, das Echo eines Rätsels, einer Hieroglyphe. Der erste Hinweis darauf liegt im aufgewühlten und verworrenen Ausdruck des Chorgesangs, im Tanz des Chores, der die wilde Erregung des dionysischen Kultes darstellt und artikuliert, und in seinen Worten, welche die von Apollo geweckten Bilder im Angesicht einer besessenen und weissagenden Gemeinschaft aussprechen. Hierein fügt sich das Geschehen, nicht länger eine delirierende Vision, sondern ein Interpretationssymbol des Rätsels, eine Lösung durch auseinanderstrebende Wege des Ausdrucks, bewirkt von einer plastischen Notwendigkeit und geleitet von den Mythen der Tradition, die verwandelt und erzählt werden aus einem Impuls, der, als Vision entschlüsselt, das ursprüngliche *pathos* manifestiert. Die großen apollinisch-dionysischen Emotionen, die pythische Begeisterung und der orgiastische Taumel befallen so eine ganze Stadt: der Filter der Kunst dämpft ihre Gewalt, öffnet den Zugang zu ihnen, ohne das Gewebe des Scheins zu stören. Diese Hieroglyphe ist exoterisch, anders als die der Weisheit, die auf einen Ausdruck zielte, der die totale Ekstase ersetzen sollte und nur für die wenigen bestimmt war (auch mit Hilfe der Dialektik, die in der Tragödie widerhallt). Das tragische Rätsel dient nicht als Anreiz für den außergewöhnlichen Verstand, sondern es erweckt ursprüngliches *pathos* in einer Gemeinschaft, ähnlich wie einmal die Musik bei den Modernen.

Ein Gegensatz

Kunst ist Askese, Bescheidenheit; Philosophie ist Ausschweifung, Vermessenheit. Gewiß, »Kunst« und »Philosophie« sind Abstraktionen, einfache Prädikate, die beide ein und demselben Menschen angehören können: deshalb ist häufig der Künstler auch Philosoph und der Philosoph Künstler.

Die Kunst hat keinen Gegenstand

Die Dinge und die Individuen in ihrem Sein und Tun zu beschreiben, wiederzugeben, nachzuahmen – mit Formen, Farben, Massen, Tönen, Worten –, ist nicht Kunst. Jede Ästhetik, die vom Gegenstand der künstlerischen Darstellung ausgeht, ist verfehlt, ob sie nun behauptet, daß dieser Gegenstand nachgeahmt wird, oder ob sie versichert, daß die Kunst das Innere, das Wesen des Gegenstandes erfaßt, oder gar seine ideale Form. Realistische und idealistische Ästhetik ordnen sich beide dem Gegenstand unter, sind stets noch Lehren der Nachahmung. Die Kunst beschreibt nicht, denn sie steht mit den sinnlichen Gegenständen, die dem allgemeinen Gewebe der Vorstellung angehören, in keiner direkten Beziehung und ist mit ihnen nicht auf natürliche, homogene Weise verbunden. Sie kehrt zu den sinnlichen Dingen vielmehr zurück, findet sie wieder, am Ende, auf anderen Wegen, von einer Region – und einer Vermittlung – herkommend, die uns unbekannt ist. Die sinnliche Form, die in der Kunst auftritt, ist kein Ausgangspunkt, sondern das Ziel.

Hierzu, und zum Vorhergehenden, mag ein terminologischer Hinweis angebracht sein: Künstler nenne ich nicht denjenigen, der Gedichte schreibt oder dessen Gedichte nach allgemeinem Urteil oder nach dem einiger Experten als Kunst angesehen werden, sondern denjenigen, der sich verhält, wie ich es darlege. Die Behauptung scheint mir nicht allzu gewagt, daß manch einer sich so verhalten hat.

LITERATUR ALS LASTER

Übereilte Ernte

Nietzsche hat viel, sehr viel geschrieben, er war ein Literat im höchst materiellen, geradezu lächerlich totalen Sinn, ein wahrer *homo scribens*. Er, der alles Hohe entweiht hat, hat die Tätigkeit des Schriftstellers nicht zu entweihen vermocht. Doch vor allem hat er zuviel geschrieben, Tausende, Zehntausende von Seiten in wenig mehr als zwanzig Jahren. Schon bei einem Künstler hat solche Produktivität etwas Irritierendes, Verdächtiges, ob es sich nun um Balzac oder Goethe handelt. Bei einem Denker verrät sie ein von Grund auf gestörtes Gleichgewicht, ein Mißverhältnis zwischen Aufgabe und individuellem Vermögen, eine Anmaßung und ein Fehlurteil über die Funktion des Ausdrucks. Denn das Material, das ein Denker zu sammeln hat, sei es als gelebtes Leben, sei es als passive und rezeptive Erfahrung im weitesten Sinn – beim Betrachten des Schauspiels der Welt, beim Anhören von

Stimmen und beim Lesen von Worten –, muß, um eine vollständige Interpretation zu gestatten, dermaßen reich, umfassend und ausgedehnt sein, daß für die schöpferische Phase, für die erhebende Zeit der Ernte vom endlichen Leben des Individuums quantitativ nur der geringere Teil übrigbleibt. Der Philosoph ist in seinem Wesen rezeptiv, ein Gehemmter, der auf den Reiz nicht reagiert, der die Handlung bei sich anhäuft und verschiebt, auch den schriftlichen Ausdruck. Kein Zweifel, Nietzsche schreibt stets originell, kraftvoll und eindringend, sogar in den flüchtigen und nur für ihn selbst bestimmten Notizen. Was ihm an direkter Erfahrung in der Zeit fehlte, hat er wettgemacht durch Intensität und Konzentration, durch eine wunderbare Aufnahmefähigkeit, die es ihm erlaubte, mit jähen Deutungsabbreviaturen die Reize zu integrieren und die widerspenstigsten konkreten und abstrakten Materialien unmittelbar zu assimilieren. Dafür aber mußte er in einer raschen, hoch auflodernden Flamme seine Lebensenergien verbrennen.

Eine verstaubte Fiktion

Die Literatur, die sich des geschriebenen Wortes bedient, ist die Fiktion, etwas zu jemandem zu sagen, der nicht zuhört, den es nicht gibt. Die ganze Welt der Bücher ist von dieser Lüge belastet. Die Schrift eines Philosophen kann die Wahrheit nicht enthalten: er tut nur so, als sage er sie, aber keine Stimme erwidert, kein Ohr vernimmt, kein Blick empfängt das Leben.

Zwei Weisen zu denken

Mit großer Emphase stellt Nietzsche einen Gegensatz auf zwischen den Gedanken, die im Kopf eines sitzenden Menschen geboren werden, und denen, die einem beim Gehen kommen. Nur diese letzteren haben Kraft und Geltung. Eine extravagante Behauptung, doch wirft sie auf vieles ein Licht. Nietzsche gibt das Ergebnis einer persönlichen Erfahrung wieder. Er hat im Sitzen zu denken begonnen. Der Stil seiner Jugendwerke deutet darauf hin, und den Beweis liefert gleichsam die Art, wie er in jener Periode seine Hefte geführt hat. Seiten über Seiten sind ohne Unterbrechung niedergeschrieben, und weitläufig entwickelt sich eine einzige Überlegung, mit den Windungen und Schwankungen eines Gedankens, der sich im Fortgang des Schreibens immer deutlicher abzeichnet. So verfährt, wer die Berufung zum Literaten hat, und auch die Philosophen schreiben gewöhnlich so. Man geht von einem Gedanken aus oder von einem Bild, das zum Schreiben anregt, und dann tritt das Schreiben zur Argumentation hinzu, bringt den Gedanken hervor. Derart sind die Gedanken dessen, der sitzt. Bevor er sich hinsetzt, ist der Autor noch nicht im Besitz des Gedankens, er hat bloß eine Ahnung, einen Anstoß.

In der Folge wird Nietzsche all dessen überdrüssig, was er auf diese Weise gedacht hat, er will seine Gedanken radikal ändern, sitzt nicht mehr am Schreibtisch. Neue Gedanken kommen ihm beim Gehen im Freien, in Sorrent oder am Ligurischen Meer. Jeder Gedanke ist schon zu Beginn, wenn er im Geiste sich einstellt, völlig in seinem Besitz: das Schreiben ist dann nur noch seine Reproduktion (und die im voraus geläuterte Kunst des Literaten wird dafür sorgen, daß diese Reproduktion hervorragend ausfällt). So findet jeder »einzelne« Gedanke einen autonomen, gesonderten Ausdruck. Es entsteht der Aphorismus oder zumindest das diskontinuierliche Schreiben. Diese Veränderung des Stils übersetzt eine Eroberung der Erkenntnis. Der Gedanke, der sich im Zuge des Schreibens entwickelte, war in seinem Wesen und in seiner Ausführung diskursiv, er bewegte sich in einer Erörterung, deren Ausgang ungewiß war. Nun aber tritt der Gedanke gebieterisch auf wie ein Blitzen, und in seinem unmittelbaren Vibrieren wird er meistens auch mitgeteilt. Schließt sich dann noch eine Argumentation an, so verbleibt sie innerhalb des Gedankens selber, macht seinen Inhalt klar, läßt sich auf Gegenteiliges nicht ein, koordiniert nicht, bemüht sich nicht um die Kontinuität, die Kohärenz einer umfassenderen Darstellung und wirft jede Fessel hochmütig von sich, jede deduktive »Moralität«.

Wissenschaft und Wissenschaftler

Wir wollen die moderne Wissenschaft in ihrer heroischen Zeit belauschen, im siebzehnten Jahrhundert, wo sich wache, häufig geniale Köpfe finden, erregt von der Erkundung unbetretener Länder, und wo die Natur noch nicht ein Gegenstand der Vivisektion ist. Es scheint, als habe die Wissenschaft das literarische und rhetorische Gewand, in dem sie sich stets gezeigt hatte, solange sie mit der Philosophie zuinnerst verbunden war, wenn nicht beiseite gelegt, so doch wenigstens in den Hintergrund gedrängt. Beobachtet man diese Wissenschaftler aber von nahem, in ihren Briefen, ihren Verhaltensweisen, ihren Wünschen, so kann man zwar sicherlich sagen, daß sie nicht in Universitätskultur und Verlagsinteressen verstrickt sind, gleichwohl, sie legen sie mit ihrem Leben kein günstiges Zeugnis für ihre Erkenntnisse ab. Die besten sind jene, die, wie Fermat, die Wissenschaft als einen Zeitvertreib behandeln. Die andern schreiben sich Briefe, wie innerhalb einer Gelehrtengemeinschaft, reklamieren die Autorschaft von Theoremen, die irgend jemand bewiesen haben will, decken Intrigen auf, schüren den Verdacht auf ruchlose Absichten in den mathematischen Berechnungen und in den Verhaltensweisen ihrer Gegner; aufschlußreich ist die Polemik zwischen Leibniz und Newton. Und in der Regel schmeicheln sie den Mächtigen. Mit weiser Voraussicht beschränken sie das Feld ihrer Forschung, zäunen ihre Gebiete sorgfältig ein und stellen dann die »nützlichen« Produkte aus ihrem Besitz zum Verkauf aus. Das typische Individuum ist Descartes: ein Gemisch aus niederen Leidenschaften, aus Regungen des Neides und des Ressentiments, furchtsam, eifrig bedacht, alle glänzenden Geister um sich her zu unterdrücken und zum Schweigen zu bringen, heuchlerisch und jesuitisch, wenn es darum geht, die Heterodoxie gewisser eigener Gedanken zu bemänteln. Studiert man die Geschichte der modernen Wissenschaft im Zusammenhang mit der Persönlichkeit ihrer Protagonisten, so kommt einem Nietzsches Charakterisierung der klassischen Philosophen seiner Zeit in den Sinn: mißgestaltete Kreaturen, geizige Pedanten, verdammte Christen.

Fünfzig Jahre früher

Die Rückdatierung der griechischen Dekadenz ist das kathartische Ergebnis einer Intuition Nietzsches, das unsern modernen Horizont mit einem Schlag erweitert und uns befähigt hat, die Geschichte mit anderen Augen zu sehen. Sokrates ist der Initiator der Dekadenz, Platon und Aristoteles sind décadents. Doch wir haben in unseren moralischen und theoretischen Spekulationen, in unseren Ideologien Platon und Aristoteles mit der Muttermilch eingesogen, sei es auch durch heillose Verdrehungen und Entstellungen! Mit den Augen Nietzsches kann man heute – korrigiert man seine wenigen Irrtümer in der Sache und im Urteil – besser noch als er selber die fatale Verkehrung erkennen, die den Beginn der griechischen Dekadenz markiert. Die Dialektik entsteht nicht mit Sokrates, sondern ein, vielleicht zwei Jahrhunderte vor ihm; die Dialektik ist nicht die Zersetzerin des Instinkts, sondern Ausdruck des stärksten Instinkts. Zur Zersetzerin wird sie, wenn sie sich mit der Rhetorik, mit der Moral, mit der Literatur vermischt. Euripides ist nicht der Verderber der Tragödie in dem von Nietzsche angegebenen Sinn, denn schon vor ihm machen sich Krankheitssymptome bemerkbar. Ja die Tragödie insgesamt kann als ein Dekadenzphänomen gelten – wenigstens in der Form, in der sie uns erscheint –, denn sie ist Mystizismus, der sich selbst verleugnet, der aufhört, Initiation zu sein, indem er sich unterschiedslos auf den *demos* ausdehnt. Äschylus hat in der Tat die Eleusinischen Mysterien entweiht und unters Volk gebracht. Diese und viele andere Elemente legen eine weitere Rückdatierung nahe. Die Literatur im eigentlichen

Sinn, als Schrift, setzt sich schon früher durch, etwa bei Herodot. Der Niedergang des Bildes des Weisen, der sich an der Reihe Parmenides, Zenon, Gorgias ablesen läßt, bietet die Möglichkeit einer neuen Datierung. Eine verfälschte Dialektik tritt bei Sophokles auf, sie kommt in seinen Tragödien nach 440 v. Chr. unmißverständlich zur Geltung. Als Wendepunkt läßt sich eine Zeit kurz nach dem Ende der Perserkriege angeben, um 470 v. Chr., etwa die Zeit, in die auch die politische Macht der pythagoreischen Gemeinde fiel. Mit dieser lockerte sich das Verbot, die kostbarsten Erkenntnisse mitzuteilen. Die äußerst rasche Entwicklung der griechischen Skulptur vom Ende des sechsten bis zum Ende des fünften Jahrhunderts scheint keinen Zweifel daran zu lassen, daß der Gipfel ihrer expressiven Vollkommenheit in die ersten Jahrzehnte des fünften Jahrhunderts fällt.

Einsamer Schachspieler

Der moderne Philosoph ähnelt einem Schachspieler, der die Partie allein spielt und die Figuren des Gegners so bewegt, daß es der Entwicklung des eigenen Spieles zugute kommt (was freilich nicht sichtbar werden darf).

Macht der Lüge

Indem Nietzsche uns von der Lüge in Religion, Kunst und Philosophie spricht, uns von ihrer Macht überzeugt, ist er ein großer Befreier. Wir sollten von ihm gelernt haben, daß wir immer dann, wenn ein Mensch sich vor einem Publikum zur Schau stellt, wenn ein Einzelner sich in Worten, in Tönen, in Schriften, in Farben vor der Gegenwart und der Nachwelt ausdrückt, Zuschauer einer Komödie sind, daß es sich niemals um etwas Gesundes, Ernsthaftes und Durchsichtiges handelt. Verlangt man dagegen Dinge wie die Gesundheit, die Natürlichkeit, die Wahrheit, das Klare und das Authentische, muß man jede Rezitation eliminieren. So muß man die Philosophie verwerfen, und zwar nicht nur das, was im eigentlichen Sinn diesen Namen trägt, das heißt eine bestimmte rhetorische Erörterung in schriftlicher Form, sondern auch das Gedicht des Parmenides oder die Aphorismen Heraklits, denn auch sie waren Rezitation. Nicht betroffen von diesem Urteil sind die Upanischaden, deren öffentliche Tradition ein Ergebnis des Zufalls ist; vielleicht kann man noch einiges andere ausnehmen: wenn eine bestimmte Erfahrung, eine Erkenntnis uns nicht direkt von den Autoren, den Protagonisten oder den Augenzeugen überliefert worden ist. Die Lüge ist das Mittel des Willens zur Macht, aber der Wille zur Macht ist nicht lügnerisch. Dies ist die Befreiung, wie Nietzsche sie fordert, auch wenn er die nihilistischen Schlußfolgerungen im Hinblick auf die öffentlich sanktionierten Ausdrucksformen nicht gezogen, sie vor allem nicht selbst in die Tat umgesetzt hat. Ein Nihilismus ist es jedoch nur für das, was »wir« Kultur nennen. Gibt es einen menschlichen Ausdruck, der sich mit der Natürlichkeit verträgt? Schon die Theateraufführung wird dieser Bedingung gerecht, wenn nicht ein Darsteller vor einem Publikum rezitiert, sondern die verzückte Gemeinschaft es ist, welche zusieht und handelt, wenn es weder Zuschauer noch Darsteller gibt. Dasselbe mag für jenes *pathos* und für jene von Mensch zu Mensch gesprochenen Worte gelten, die später, zunächst in ein Schauspiel übersetzt, das ein Darsteller für ein Publikum rezitiert, dann in die Schrift gebannt, die dekadente Gestalt der Philosophie annehmen.

Was sich nicht ausdrücken läßt

Die trügerische Idee, daß die große Erschütterung, der Gipfel eines inneren Aufruhrs nach Darstellung in der Sphäre des Sichtbaren verlange, ja von dieser Darstellung nicht zu trennen sei, daß in der expressiven Verzerrung sich die ursprüngliche Erschütterung am angemessensten widerspiegele, kurz, das barocke Wesen des Wagnerschen Musikdramas – das macht die Faszination aus, der Nietzsche zutiefst, fast unrettbar, verfallen war. So groß ist seine Verirrung, seine Lähmung im Angesicht Wagners gewesen. Besser als dieser hatte er einst die Natur der Musik erkannt, hatte ihren ekstatischen Charakter – die Trennung, den Bruch, die Anspielung aufs Jenseits der Vorstellung durch das Wahrnehmbare hindurch – dionysisch genannt. So verstanden, bleibt die Musik reine Innerlichkeit, die das Sichtbare nicht sucht, weil sie es als unangemessen empfindet. Eine mystische Autonomie liegt in dieser Perspektive, Schopenhauer hat sie beschworen, und es ist diese Wurzel, aus der bei Nietzsche das Dionysische entspringt. Dann aber wäre Dionysos ohne Gesicht, ein unermeßlicher Abgrund. Nietzsche weicht vor der Unausdrückbarkeit zurück und ruft die barocke Lösung Wagners zu Hilfe. Die Vermischung dieser beiden so heterogenen Bestandteile läßt sich in der *Geburt der Tragödie* verfolgen, sie nimmt aber auch später nicht ab, als Nietzsche sich von Wagner entfernt. In formaler Hinsicht ist die Person Zarathustras die gestische, exotische, oszillierende, dekorative, dramatische, perspektivische Transposition von einsamen mystischen Erfahrungen. Die übertriebene Wertschätzung, die Nietzsche für *Also sprach Zarathustra* an den Tag legte, zeigt, daß er glaubte, es sei ihm gelungen, dasjenige vollkommen auszudrücken, was gewöhnlich unausdrückbar heißt. Ein derartiger Ausdruck, bei dem die Grimasse, die Verrenkung des Tanzes, mit einem Sprung über den Abgrund der Unausdrückbarkeit hinwegsetzt und das Heterogene vereinigt, das Innere mit dem Symbol vermengt, verdient keinen anderen Namen als barock. Um diesen Preis, mit dieser Inszenierung kann Nietzsche den Sinn dieser Erde behaupten, auf diese Art möchte er glauben machen, daß allein das Sichtbare, das Wahrnehmbare wirklich ist: zuzugeben, daß unsere Welt ein Schein ist, kam ihn allzu schwer an.

Jenseits der Schrift

Die besessene philosophische Schriftstellerei Nietzsches, die ständig zur Grenze des Unausdrückbaren getrieben wird, hilft uns, dieses Mittel zu überschreiten, es von oben zu betrachten. In diesem Sinn weist Nietzsches Erneuerung des Ausdrucks in die Richtung des Esoterischen, auf eine Sphäre der Mitteilung, die die Schrift ausschließt. Eine andere Erneuerung des Ausdrucks steht uns heute bevor, wenn man erst einmal die fälschende Natur der Schrift erkannt hat. Vor fünfundzwanzig, dreißig Jahrhunderten wurde der Gedanke von Person zu Person, durch die Präsenz und die Stimme mitgeteilt: warum sollte das nicht wiederum möglich sein? Der Dämon der Schrift, wie er bei Nietzsche auftritt, in der Gestalt extremer, unbefriedigter und tragischer Spannung, läßt uns an der Schrift selber irre werden. Und den Weg Nietzsches fortsetzen bedeutet ja nicht, ihm zu folgen, wie manche es getan haben, auf schwindelerregenden »Wortbrücken«, die ohne sein *pathos* wie sterile Spinnengewebe erscheinen.

Wenn man die Überlegung vom Gedanken auf das Leben ausdehnt, wenn man im ganzen all das, was aus Nietzsche zu uns spricht, übernimmt und wenn wir heute, nach Nietzsche, Nietzsche unter dem Gesichtspunkt des schriftlichen Ausdrucks beurteilen, so stellt sich uns, angesichts seiner Lehre über das Leben, seines Lobes des Lebens, eine entscheidende Frage: welchen Sinn hat es, auf die dionysische Bejahung hinzuweisen, auf den Wahnsinn, das Spiel, gegen jede Abstraktion und Mumifizierung, jeden kraftlosen, schmachtenden Finalismus, und darüber das Leben im Schreiben zu verzehren, also in der Komödie, in der Verkleidung, in der Maske, im Nicht-Leben?

Gier nach Leben

Die Kunst ist Askese, und schon Nietzsche sagte, daß der vollkommene Künstler vom Wirklichen abgelöst ist. Er fügte jedoch hinzu, daß bisweilen der Künstler, in einer flüchtigen Anwandlung, selbst die Person sein will, die er beschreibt, doch das ist ihm unmöglich. Im Hinblick auf den dekadenten Künstler unseres Jahrhunderts kann man noch weitergehen: eben darum interessiert ihn die Kunst, weil er das, was er darstellt, vor allem selbst »leben« will, um dann einfach die Erfahrung festzuhalten. Seine Produktion richtet sich nach dem, was er gern leben will. Die Sache mißlingt ihm gewöhnlich, so daß er am Ende nicht lebt und auch kein Künstler ist.

Eine schmucklose Sprache

Die großen Mystiker sind keine großen Stilisten. Böhme, Plotin und die anderen sind nur nebenbei Literaten, denn sie behandeln ihren Ausdruck nicht als etwas Autonomes, von ihrer Innerlichkeit Abgelöstes. Was sie schreiben, ist eine bloße Erinnerung dessen, was sie gefühlt haben. Das Material an Bildern und Begriffen, dem sie sich zufällig gegenübersehen, wird als direkte symbolische Übersetzung ihres inneren Lebens aufgenommen, ohne jede formale Rücksicht.

Ein ruheloser Kopf

In seinen reifen Jahren liest Nietzsche nur selten lateinische und griechische oder auch deutsche und englische Klassiker. Einige gute französische Autoren ausgenommen. Die Philosophen von Rang liest er niemals direkt; oft greift er zu den Lehrbüchern der Philosophiegeschichte. Einem von ihnen entnimmt er seine Informationen über Spinoza, den er darauf zu seinen Vorläufern zählt. Dagegen liest und durchblättert er jede Art Bücher aus dem neunzehnten Jahrhundert, also zeitgenössische, darunter viele gelehrte Werke. Er sucht darin neuen Stoff: es ist das Metier des Literaten, das ihn treibt. Auch der produktivste Kopf kennt Momente der Leere: dann stachelt ihn Nietzsche auf diese Art an, damit er um jeden Preis Urteile abgebe. Die Qualität der Reflexionen, die durch diesen Mechanismus in ihm ausgelöst werden, kann nicht überragend sein, und das weiß er.

Ein vielfarbiger Stil

Die Kritik Nietzsches am Stil Platons verdient es, überdacht zu werden. Er hat behauptet, daß es Platon an Form und an Stil fehlt, weil er alle Formen und alle Stile vermischt. Dies ist ein höherer Gesichtspunkt gegenüber dem traditionellen Lobgesang auf den Platonischen Stil. Nietzsche hat gesehen, daß diese Vermischung von Stilen den Ehrgeiz verrät, in allen Stilen zur Vollkommenheit zu gelangen. Und vielleicht hat Nietzsche sogar begriffen, daß es sich bei dieser rhetorischen Vermessenheit Platons, die ihm den Ruf eintrug, der beste Weise, der beste Erzieher, der beste Dialektiker, der beste Wissenschaftler zu sein, um das gleiche zügellose Verlangen handelt, das ihn selbst beherrschte. Das ganze Werk Nietzsches ist ein Kampf um die Eroberung einer neuen und überlegenen Sprache des Dichters, des Denkers, des Propheten, des Mystagogen. Daher sind die Mängel Platons, im vielfarbigen und schillernden Stil, auch die Mängel Nietzsches, sie zeigen die Grenzen des *homo rhetoricus*.

Rache des Einsiedlers

Die Laster des Einsamen haben Nietzsche auf das Problem der Moral fixiert. Der Einsiedler nährt zwanghaft das Ressentiment gegen jene, die ihn in seine Isolierung verbannen, die ihn mit kleinlichen Gefühlen und Handlungen quälen. Er hat stets unter der Obhut der Familie gestanden, abhängig von Mutter und Schwester. Er hat im Umkreis der Universität gelebt, der ihn abstieß; im Umkreis Wagners, der ihn zurückwies. Danach sah er sich endgültig allein gelassen, um zu stöbern, sich zu erinnern, zu beklagen, zu verabscheuen. Sein Leben reduzierte sich aufs Schreiben. Vor allem war er ein Moralist, denn nicht anders konnten, in einem philosophischen Geist, seine persönlichen Probleme Literatur werden. Die heuchlerische Tugend der Schwester wurde zur christlichen Tugend.

DIE GRIECHEN GEGEN UNS

Ein Irrweg des Ruhms

Hölderlin ist ein archetypisches Beispiel für den unheilbaren Bruch zwischen dem Individuum und der Menschenwelt in der Moderne. In seinem Fall gründet die unüberbrückbare Differenz in der Erkenntnis und bezeugt, gegenüber dem Phänomen Mensch, eine radikale, abnorme Heterogenität der Individuation. Von Anfang an wurde ihm Gleichgültigkeit, Zurückweisung, eine gereizte Gebärde des Unwillens zuteil. Das Lebensschicksal Nietzsches zeigt weniger grelle Züge, weil seine kulturelle Welt niedriger stand als die, von der Hölderlin umgeben war. »Unser« Jahrhundert hat über Hölderlin die Glorie verhängt: dies ist einer der erstaunlichsten und lächerlichsten Irrwege des Ruhms. Um ihn zu erklären, genügt es nicht, auf die Entdeckung des postumen, »philosophischen« Hölderlin zu verweisen, das heißt auf die spätere und nebulöse Entwicklung der Themen aus der Jugendzeit, nach dem inspirierenden Vorbild der bösen Schulkameraden.

Hölderlin kannte die großen Gestalten der Zeit, in seiner niedrigen Eigenschaft als Hauslehrer oder in der erniedrigenden als Bittsteller: seine Briefe und seine Begegnungen bezeugen uns die Ergebenheit und Ehrfurcht, die er für Kant, Fichte, Goethe, Schiller bewiesen hat. Diese Liebhaber der hohen Gefühle erfuhren nicht die mindeste Erschütterung durch die Intensität seines Lebens, nicht die kleinste Verwirrung durch seinen Blick. Auf den dringenden Appell, den Hölderlin, ehe er die verhängnisvolle Reise nach Bordeaux antrat, an Schiller richtete, hat dieser nicht einmal geantwortet. Das war die Weimarer Klassik: nicht bereit, einen Griechen in Fleisch und Blut zu erkennen. Das Griechenland, von dem uns Hölderlin spricht, kommt dem Original am nächsten, ist jedenfalls unmittelbarer als das von Nietzsche gemeinte. Das Modell Winckelmanns und Goethes, das er kannte, blieb ihm fremd, der philologische Ansatz erst recht. Dafür hat er die griechische Dichtung erahnt, hat dieses Rätsel entschlüsselt, hat dieselbe Sprache gesprochen. So erhellt ihm die Form die Inhalte: er sieht den griechischen Gott – ein Bild und eine Vibration – mit einer Intensität, der gegenüber selbst Nietzsche blaß erscheint. Vor allem sah er den Gottmenschen besser: vergleicht man seinen Empedokles mit dem Zarathustra Nietzsches, so findet man diesen befleckt und vermenschlicht von der Einsamkeit, einem Laster, das die ältesten Griechen nicht kannten.

Das Leben gilt mehr als das Werk

Gewaltig ist bei den Griechen, bis zu einer gewissen Zeit, die Distanz vom eigenen Werk als literarischem Ausdruck, und zwar in einem Sinn, der unserm modernen Verständnis entgegengesetzt ist: sie nehmen das eigene Werk, im Vergleich zum eigenen Leben, als etwas, das nicht ins Gewicht fällt. Gorgias sagte: »Wir enthüllen dem Mitbürger nicht die seienden Dinge, sondern die Worte, die von den wirklichen Dingen verschieden sind.« Wenn das wahr ist, dann führt jedes bis heute entworfene Bild von den Griechen in die Irre. Will man also zum Beispiel die Person Platon begreifen, so wird eine kohärente Analyse der Inhalte seiner Dialoge, die diese als Ausdruck eines höchsten Interesses versteht, nur von geringem Nutzen sein. Ebenso wird der Gegensatz zwischen dem Sokrates, wie ihn die *Wolken* zeigen, und dem Aristophanes, der den Mythos des *Symposion* webt, nicht mehr als solcher empfunden werden, wenn man annimmt, daß Aristophanes seine Komödien inszeniert, um den *demos*, den er verachtet, zu verführen oder zu unterhalten. Denkbar, daß Aristophanes tatsächlich, aus politischen Gründen, ein Feind von Sokrates war und sich der Bühne bedient hat, um ihn zu bekämpfen; das aber bedeutet nicht, daß er von Sokrates dachte, was in den *Wolken* gesagt wird. Die Philosophie und die Komödie, täuschende abstrakte Perspektiven, die Platon und Aristophanes in unseren Augen groß erscheinen lassen, könnten für sie selbst Spiele der Macht gewesen sein, Masken, um sich im athenischen Agon hervorzutun. Vielleicht sogar nebensächliche, zufällige Ausdrucksformen ihres Lebens.

Zeichen einer Ferne

Die Distanz vom eigenen Werk hinterläßt Spuren im Werk selber. Hier schlägt sie sich nieder als Unbekümmertheit, Leichtigkeit, Laune des Ausdrucks, Zweideutigkeit, manchmal als Arroganz. Das sind Zeichen, die die Distanz verraten, doch von der Person enthüllen sie nichts. Nun weckt aber ein Werk stets die Neugier auf das persönliche Element, das hinter ihm steht, besonders in uns Modernen; man frohlockt, wenn es gelingt, einen Zusammenhang zu entdecken zwischen dem scheinbar autonomen Aspekt des Werkes und gewissen individuellen Absichten bei dem, der es geschaffen hat. Wo jene Distanz besteht, wird unsere Neugier nicht befriedigt: das Gesicht des Autors bleibt unbekannt, oder es tritt uns als ein rätselhaftes Lächeln entgegen. Die toskanische Landschaft ist in der Malerei der Renaissance mit Geheimnis geladen: dahinter versteckt sich das Leben des Künstlers, die persönlichen Zusammenhänge entziehen sich dem Blick. In diesem Geheimnis kommt der Wille, sich zu verbergen, zum Ausdruck, der Besitz eines anderen Reichtums. Noch weiter entfernt ist der Hintergrund in dem, was vom ältesten Griechenland überlebt: daher die Zweideutigkeit, die Leichtigkeit, die Inkohärenz, das Fehlen einer jeden finalistischen Struktur in diesen Werken, Gedichten, Statuen, Tempeln und Gedanken. Die Distanz, in der sie entstanden sind, ist die Ursache ihrer Zweideutigkeit, sie verleiht ihnen diesen Hintergrund. Und zweideutig sind sie nicht wegen der Ungewißheit unseres Verstehens, sondern in sich selbst: vital und flüchtig, eisig und tief, Symbole der Doppelnatur der Welt; so wie die Beziehung zwischen dem Künstler und seinem Werk dazu bestimmt ist, im Dunkeln zu bleiben.

Mangel an Kongenialität

Schopenhauer hat nicht verstanden, daß man ohne die Griechen in der Philosophie nicht einmal anfangen kann, und auch der persönliche Zauber jener Gestalten ist ihm entgangen. Seine Zitate der Alten klingen oft wie die Zettel eines Pedanten: um eine Lehre zu stützen gilt ein Zeugnis von Sextus Empiricus ebensoviel wie eins von Empedokles. Es fehlt ihm eine angemessene, hierarchische Kenntnis, vor allem jedoch die Kongenialität. Sogar die Reden Platons erreichen ihn abgeschwächt, gedämpft, und er zögert nicht, sie nach modernen Rezepten zu manipulieren.

Mißverständnis über den Schmerz

Daß der Instinkt, den Schmerz zu vermeiden, tief im Menschen verwurzelt sei, ist eine psychologische Fehleinschätzung unserer Zeit. Die unbewußte Verdrängung eines Traumas, aufgrund dieses Instinktes, ist eine unhaltbare Hypothese, denn sie setzt einen nicht zum Trauma gehörenden Willen voraus, ein Subjekt, das Widerstand leistet. Es existiert aber kein solcher Wille, kein solches Subjekt; sie als gegeben zu unterstellen – sei es auch nur dunkel, in der Form des Unbewußten, oder gar als autonome und widersprüchliche Tendenzen –, ist einem besseren Verständnis keineswegs förderlich. Das Trauma selbst erzeugt das Vergessen, nicht etwa eine erfundene Verdrängung vermöge des Unbewußten, die ihrerseits auf einer Abwehr des Schmerzes beruht. Das Individuum steht nicht dem Schmerz gegenüber, sondern es selbst ist Schmerz. Verneinte es den Schmerz, es würde sich selbst verneinen. Das Trauma zerreißt mit Gewalt das Gewebe der Vorstellungen, läßt das Unmittelbare hervortreten: darum bleibt es aus der nachfolgenden Kette der Erinnerung ausgeschlossen, welche nichts als Vorstellungen enthält. Der Schmerz ist kein eliminierbarer Zufall: er ist grundlegend. Abschaffen kann ihn der Mensch nur dadurch, daß er das Leben negiert, also – wäre das möglich – durch die Vernunft. Es gibt keinen Instinkt gegen den Schmerz, weil schon der Schmerz Ausdruck von etwas anderem ist. Nur das, was sich in der Freude ausdrückt, kann »verdrängen«, was sich im Schmerz ausdrückt.

Herausforderung eines Weisen

Heraklit schreibt nicht, um etwas Verborgenes mitzuteilen oder bekanntzumachen, um die Sphäre seines Wissens auf andere auszudehnen: im Gegenteil, er schleudert mit seinen Rätseln der Welt der Menschen eine kühne, provokatorische Herausforderung entgegen, in der sie sich verfangen soll. Alle seine Worte sind Fallen, Kryptogramme, absichtlich so gebaut, daß sie nicht dechiffriert werden können. Sein Wort ist nicht der überströmende Ausdruck des Einsamen, sondern eine unerbittliche Gebärde von Feindschaft, die Anstachelung zu einem Wettkampf um die Weisheit, in dem gegen ihn, den Herausforderer, alle unterliegen werden.

Wie man die historische Betrachtung verlernt

Von Nietzsche hätte man sich ein reifes, ausgearbeitetes, resonanzreiches und entspanntes Werk über die Griechen erwarten können. Es wäre für alle ein großer Gewinn gewesen. Doch er geriet in die Zange zweier entgegengesetzter Tyranneien, der der Philologen und der des Künstlers. Die Disziplin von Schulpforta, streng bis zur Askese, hatte alle seine Kräfte auf ein eng spezialisiertes Instrumentarium gelenkt. Während er sich in der Gelehrsamkeit übte, war die Intuition an jeder Entfaltung gehindert: Ritschl und Leipzig versperrten ihr, zu seiner Enttäuschung, nur noch entschiedener den Weg. Die Freiheit kommt von Wagner, aus der entgegengesetzten Sphäre; der Bruch mit der wissenschaftlichen Disziplin bringt den Zentauren der *Geburt der Tragödie* hervor. Das Beste über Griechenland schrieb er wenig später, in der Zeit von *Wir Philologen,* als der Einfluß Wagners nachzulassen begann. Als er schließlich die beiden Tyranneien abgeschüttelt hatte, war in ihm das Bedürfnis erloschen, historisch über Griechenland zu sprechen. Er war reif geworden, und auch die Griechen sah er nun mit anderen Augen an; solchen Erkenntnissen aber konnte eine historische Darstellung nicht mehr gerecht werden. Alles, was er von diesem Moment an sagt, ist nichts anderes als eine Exegese, eine Transposition unter modernem Vorzeichen, eine Illustration seiner Weise, die Griechen zu verstehen, mit dem Ziel der Restauration eines nicht dekadenten Menschen. Als Grieche fällt er sein Urteil über die gegenwärtige Welt: das macht seine Distanz aus, seine Perspektive von oben. Er würde seine Aggressivität mindern, wenn er als ein Sprachrohr aufträte. Eher denn als Grieche maskiert er sich als Perser.

Der Rivale des Schmerzes

Gegen den radikalen Pessimismus gibt es nicht nur die buddhistische, es gibt auch die griechische Lösung. Das hat schon Nietzsche gesagt, seine Formulierung überzeugt freilich nicht: der dionysische Weg sei die Bejahung des Schmerzes. Der Schmerz aber ist eben das, was man nicht bejahen kann. Besser wäre zu sagen, daß die Griechen den Schmerz auf einem anderen Weg überwanden: sie relativierten ihn durch die Entdeckung, daß er einen Rivalen hat. Das Leben als Erhaltung des Individuums, Fortpflanzung der Art ist ein restriktives Modell: hier zeichnen die Notwendigkeit, die Macht, das Bedürfnis, die Mühe und der Finalismus das Bild des politischen, des ökonomischen Menschen. Das Leben ist aber auch Spiel, oder, wenn man will, es ist noch etwas anderes, etwas von all dem vorher Gesagten Verschiedenes. Wenn ein Stück Leben, dem Leiden entzogen, den ganzen Rest aufwiegt, ist der Pessimismus besiegt. Das ist die Lehre der Griechen. Für sie bedeutete Vornehmheit nicht, wie

Nietzsche behauptet, das gute Gewissen auf seiten dessen, der die Macht besitzt und ausübt, sondern das Handeln, das Denken ohne Finalität. Was wir Kultur nennen, hat diesen Ursprung, drückt den antipolitischen, antiökonomischen Instinkt aus. Eine frühe Schöpfung dieses Genius des Spiels ist die Welt der olympischen Götter. Die Gottheit ist das, was sich dem Finalismus entzieht, sie bedeutet Geringschätzung für die Notwendigkeit. Der Gott ist das, was sich außerhalb der Sphäre des *ponos* befindet. Nietzsche hat das Bedeutsame der Homerischen Rede über »die Götter, die ohne Anstrengung, mit Leichtigkeit leben« verstanden; sie fand noch bei Platon Widerhall: »die Lieblinge der Götter schreiten leicht und mühelos voran«. Diese Schar der olympischen Götter, mit ihrem ruhmreichen Gefolge, der griechischen Kunst und Poesie, nach dem Vorschlag Nietzsches als ein Werk Apollos zu betrachten, als eine Erscheinung und einen Traum, ist erhellend, doch erschöpft es den Gegenstand nicht. Die Metaphysik Schopenhauers ist zu schwach, zu düster in ihren Farben, um jenes Bild wiederzugeben. Das Spiel ist nicht nur Traum, sondern Wachheit, ist Erscheinung nicht mehr, als die Gewalt des Schmerzes es ist; in ihm liegt ein positiver Aspekt des Lebens, der auf den griechischen Inseln entspringt, ein triumphierendes Leben, dem es gelingt, das Gewicht der Notwendigkeit und der Anstrengung auszugleichen.

Das übrige folgt aus diesen Prämissen. Vor allem das willkürliche, unvorhersehbare Element im griechischen Charakter: die Freude am Wettstreit, die List, die Überrumpelung mit Worten, das Gelächter ohne Zynismus, die rasch verfliegende Lust am Sieg, die dem Besiegten den vernichtenden Schlag erspart, die

Gleichgültigkeit für den Erfolg des eigenen Tuns, die Neigung zum Zorn, zum unkontrollierten Impuls, die Reizbarkeit, die Bereitschaft, alles zu riskieren für etwas, das sich nicht lohnt, die Ungeduld, das Vergnügen an der Verkleidung, das Verlangen, entgegengesetzte Lebensweisen auszuprobieren. Hier liegt auch der Ursprung für die Distanz vom persönlichen Element und überhaupt von den individuellen Bedingungen in ihrer banalen Körperlichkeit: der Blick der Griechen durchdringt die Individuation, auf der Suche nach einem Gewebe, das ihr vorausgeht. Und endlich ist es der Mythos, der für den Griechen im Traum sein Leben verdoppelt, alle seine Urteile suspendiert, jede feste Kette seiner Gedanken unterbricht. Alles, was es an griechischen Schöpfungen gibt, ist antirealistisch, das ganze fünfte Jahrhundert eingeschlossen (auch Aristophanes und Thukydides sind Antirealisten). Darum fürchtet der Grieche den Staat nicht; wenn nötig, fordert er ihn heraus, wie Sokrates, ohne daß die Sache lächerlich klänge. Das griechische Wissen ist antitechnologisch und antiutilitaristisch, denn die Kultur war auf das Spiel gegründet. Deshalb brachten die Weisen die Wissenschaft nicht unters Volk, vermachten sie nicht dem Staat.

Ein verrufenes Wort

Heute wie gestern hat das Wort »Mystiker« einen schlechten Klang: man errötet oder fühlt sich verletzt, wird einem diese Bezeichnung zuteil. Die gute Gesellschaft der Philosophen nimmt den, der diesen Namen trägt, nicht unter ihre Mitglieder auf, aus Gründen der Etikette, sie ächtet ihn. Auch die Freiesten, wie Schopenhauer und Nietzsche, haben diesen Namen zurückgewiesen. Und doch bedeutet »Mystiker« lediglich »Eingeweihter«: einer, der von den anderen oder durch sich selbst in eine Erfahrung, ein Wissen eingeführt worden ist, das nicht das alltägliche ist, nicht in der Reichweite aller liegt. Es ist klar, daß nicht alle Künstler sein können, man findet nichts Seltsames dabei. Warum sollten dann alle Philosophen sein können? Die allgemeine Kommunizierbarkeit selbst, als Kennzeichen der Vernunft, ist ein Vorurteil, eine Illusion. Die subtilsten, verschlungensten und scharfsinnigsten Mäander der Vernunft, bei Aristoteles, sind heute, nach vierundzwanzig Jahrhunderten, immer noch nicht erforscht und begriffen. Auch der Rationalismus ist mystisch. Und überhaupt sollte »Mystiker« als Ehrentitel beansprucht werden.

Kritik Goethes

Ist es heute noch möglich, Goethe in der modernen Welt die überragende Stellung gegen die moderne Welt zu geben, die Nietzsche ihm gab? Ich glaube nicht. Perspektivisch gesehen, scheinen die Gesten des Widerstands und der Verdammung gegenüber seiner Zeit immer mehr zu verblassen, verglichen mit denen der Schwäche und Nachgiebigkeit, wenn nicht gar des Einverständnisses. Was er gegen die Dekadenz aufgerichtet hat, ist künstlich, improvisiert, nicht überzeugend. Das olympische Theater und die Gebäude Palladios in Vicenza sind kraftlos angesichts eines griechischen Tempels des fünften Jahrhunderts. Goethes Vision der Antike reicht an die des italienischen Quattrocento nicht heran, sowohl was die Kunst als auch was das Bild des Menschen betrifft. Dies zum konstruktiven Aspekt: in seinem Modell vom ganzen Menschen ist immer noch zuviel Christentum. Unterm polemischen Aspekt dagegen, im Hinblick auf seine Gegenwart, reicht Goethe nicht an Nietzsche heran. Das illustrieren zwei seiner typischen Charakterzüge, die »Anmaßung« und der »versöhnliche Geist«: Goethe ist zufrieden mit sich und konziliant gegen die Außenwelt, er besitzt also Eigenschaften, die denen Nietzsches entgegengesetzt sind, der intransigent ist nach außen und unzufrieden mit sich. Es ist klar, was günstiger ist für eine Kritik an der Gegenwart.

Sexualpsychologie

»Von uns wollen die Männer immer dasselbe und nur das eine», sagen heute wie gestern die hübschen Mädchen, mit gespielter Entrüstung. Platon dachte darüber anders: »Diejenigen, die ihr ganzes Leben lang miteinander verbunden bleiben ... wüßten nicht einmal zu sagen, was sie voneinander wollen. Denn dies kann doch wohl nicht die Gemeinschaft des Liebesgenusses sein ...; sondern offenbar ist, daß die Seele beider, etwas anderes wollend, was sie aber nicht aussprechen kann, es nur andeutet und zu raten gibt.« Nun, heute wissen Psychologen und kluge Mädchen genau, daß es im Geschlechtlichen keine Geheimnisse gibt: das letzte Ziel oder, wenn man will, die erste Ursache ist klar, nichts anderes als der Sexualakt. Die Moral, die Gesellschaft möchten diese Klarheit gern trüben: der Mensch befreit sich von der moralischen Heuchelei und kennt die Wahrheit, wenn er weiß, daß dieses das Ziel ist, und er es ohne Umschweife will. Für Platon dagegen, den Sublimierer, war der Sexualakt ein falsches Ziel, und die Liebesworte waren ein Rätsel, eingegeben vom Wahnsinn eines Gottes.

Wirkung der Ranküne

Unglaublich, daß Nietzsche – der in der Jugend sehr wohl die Natur Hegels erkannt hatte – sich später nicht entblödet hat, ihn, Schopenhauer zum Trotz, zu rehabilitieren. Und das im Namen der Geschichte!

Tendenz zur Manipulation

Die Nachlässigkeit, Unbekümmertheit und Geringschätzung, die Nietzsche für die authentischen Worte der Philosophen an den Tag legt, zugunsten einer handlicheren literarischen Umschreibung, läßt sich mit der Achtlosigkeit vergleichen, die Aristoteles dem originalen, individuellen Aspekt der Lehren seiner Vorläufer entgegenbringt, zugunsten einer systematischen und amorphen Darstellung. So kann man alles neu formulieren, in brauchbares Material verwandeln und wohl auch schummeln, fälschen.

Umkehrung eines Urteils

Wenn Nietzsche die Prosa von Gorgias mit der von Demosthenes vergleicht und sich für den letzteren ausspricht, bemerkt man einen Niveauunterschied zwischen seinem besonderen Urteil und seinen umfassenden Intuitionen. Eine formale Bewertung der Ausdruckstechnik bei beiden ist fast unmöglich, da die Zahl der von Gorgias überlieferten authentischen Texte äußerst gering ist. Daß aber ein Abstand zwischen ihnen besteht, drängt sich schon in der – Nietzsche teuren – Sphäre der Macht auf. Gorgias vermag – durch die Rede – die Macht zu entfesseln, zu beherrschen, zu errichten, während Demosthenes ein Opfer der Macht ist. Aber Gorgias ist noch mehr, ein Mann der Erkenntnis, ein Gipfel der Erkenntnis. Zwar ist die Rhetorik an sich, in einem nicht zu unterschätzenden Maß, als Ausdruck seine Erfindung, doch kennt er noch andere Ausdrucksformen, tut sich in ihnen hervor, ist einer der klügsten Kenner, Erforscher und Erfinder des menschlichen Ausdrucks im allgemeinen. Ihm gegenüber ist Demosthenes in jeder Beziehung ein Mann des vierten Jahrhunderts, ein Zeitgenosse der neuen Komödie.

Menschen geringeren Formats

Nietzsches größtes Verdienst im Hinblick auf die vorsokratische Weisheit liegt darin, als erster geahnt zu haben, daß sie der Gipfel des griechischen Denkens war. Nietzsche sah die Statur jener Männer, doch ihre

Worte verstand er nicht; er sah, daß es dort ein Heiligtum gab, vermochte aber nicht, darin einzudringen. Trotz allem, besser als Nietzsche haben am Beginn unseres Jahrhunderts Menschen von entschieden geringerem Format jenes Denken erkannt, ein gewisser Wolfgang Schultz aus Wien und wohl auch Karl Joël aus Basel.

Ein Jahrhundert wie die anderen

Unsere Zeit ist nicht schlechter als die früheren (aber auch nicht besser). Ärgerlich nur, daß sich mit grellen Tönen allzu viele Stimmen hören lassen, die man besser nicht vernähme. Die Meinungen dessen, der unaufgefordert das Wort ergreift, ertönen allenthalben. Jedenfalls sollte man sich heute, nach den energischen Worten Nietzsches über den Nihilismus, vor allem des öden Geredes von der Verzweiflung über unsere »Dekadenz« enthalten. Alles kehrt wieder, und der Verfall geht der Kulmination voraus.

Auf feindlichem Boden kämpfen

Goethe bewahrte sich einen Bereich vollständiger Authentizität. Und hier war er durchaus wahrhaftig, als er erklärte, allen seinen Gedichten zöge er die Farbenlehre vor. Doch niemand glaubt den Dichtern, wenn sie die Wahrheit sagen. So hat Goethe – vielleicht aus Eigensinn, aus Überdruß – seinen Mangel an Härte wettgemacht, dem Verdacht einer grandiosen narzißtischen Beschränktheit entgegengewirkt, der sein monumentales Werk überschattet und es, trotz allem, als ein »persönliches« Werk erscheinen läßt (was dem vortrefflichen Stendhal nicht entging). Er hat sich mit der Wissenschaft gemessen, hat sich in den Bereich gewagt, der seinen natürlichen Gaben am fernsten stand, und einen großen Kampf geführt, wie es sich für ihn gehörte, den Streit gegen den obersten Verfechter der Wissenschaft. Damit hat er sich bloßgestellt, dem Gespött ausgesetzt, pathetisch trat er als Don Quichotte auf: das ist groß. Die Schlacht war von Anfang an verloren, und wirklich hat keiner der späteren Wissenschaftler geglaubt, daß die Natur des Lichts und der Farben die von Goethe behauptete wäre (nur einer glaubte daran, und der war kein Wissenschaftler, Schopenhauer). Doch jenseits der scheinbaren Niederlage winkt als Verheißung eine Eroberung, nicht allzu fern: hier fällt Goethe wirklich der Sieg zu über die Dekadenz, und es ist bereits genügend Zeit nach ihm vergangen, damit die Sache klarwerden kann, heute, wo nahezu alle Wissenschaften zerfetzt, außer Atem, ruiniert und zerschmettert sind unter dem Gewicht der Abstraktion. Goethe hatte gelehrt, daß die Wissenschaft nur dann eine Daseinsberechtigung hat, wenn sie durchgängig von der Anschauung getragen ist, wenn sie aus einem Gewebe von einzigartigen, in ein ursprüngliches Licht getauchten Tatsachen besteht, wenn sie vom Netz des Argumentierens, von der systematischen Willkür, vom blutleeren Kalkül, kurz, von der Herrschaft der Abstraktion sich vollständig löst.

Auf hohem Niveau

Wenn wir die Großen kritisieren, angreifen – Nietzsche und andere seiner Statur –, stets jedoch mit dem Bewußtsein und dem Bekenntnis, daß sie groß sind, dann hebt das unsere eigene Position, schärft und festigt unser Urteil und erspart uns vor allem den Blick auf die Kleinen und auf die, die uns nahe sind in der Zeit und im Raum. Die großen Menschen sind eben die, die streng behandelt zu werden verlangen. Die anderen dürfen dagegen überhaupt nicht behandelt werden. Die Überlegung ist theoretisch, versteht sich.

Vorteil des Weitsichtigen

Es ist eines Philosophen nicht würdig, die eigenen Zeitgenossen anzugreifen. Dem Leser ein Urteil nahezulegen, das günstig für ihn und ungünstig für die Zeitgenossen ausfällt, ist nicht seine Aufgabe: das eben ist Sache des Lesers. Die Zeitgenossen stehen allen vor Augen: der Philosoph hat auf dasjenige und diejenigen zu zeigen, die nicht vor aller Augen stehen. Übrigens sieht er nicht gut aus der Nähe, ist nicht imstande, die Zeitgenossen zu beurteilen.

Spott für die Vergangenheit

Der höhnische Blick, mit dem man heute die Vergangenheit betrachtet, verdient ohne Zweifel Nachsicht, man kann darin sogar eine positive Seite unsrer Zeit sehen, jedenfalls ist er das Zeichen einer Reaktion, ein kräftiges Aufbegehren gegen den historischen Wust. Als Zielscheibe bietet sich nicht nur die monumentale Vergangenheit an, das Gewühl von Kondottieri und rhetorischen Ideen, aus denen die Geschichte besteht, sondern man empfindet heute selbst das Nachdenken über die Vergangenheit schon als etwas Überholtes, Muffiges, das gut ist für die Pedanten. Man glaubt nicht mehr an die Geschichte, weil man meint, es sei besser, das eigene Leben zu leben; folglich hält man das, was über die Vergangenheit gelehrt wird, für falsch, für eine bewußte Irreführung und zudem für bedeutungslos. Das verdient Beifall, freilich mit einem nicht unerheblichen Vorbehalt. Soll das alles einen Sinn haben, müßte man zuvor die Gegenwart verworfen haben: hier nimmt der große Argwohn seinen Ausgang. Gerade an diesem Punkt jedoch scheitern alle Angriffe auf die Vergangenheit, weil sie im Namen der Gegenwart geführt werden, der Gegenwart nicht nur als Leben, sondern der Gegenwart als Vorstellungsgeflecht. Doch die Gegenwart existiert nicht. Und die Zukunft um so weniger.

Die Fata Morgana der Vernichtung

Jene, die die Endkatastrophe erwarten, die am nihilistischen Fieber erkrankt sind, die sich an Träumen der Zerstörung berauschen, werden noch lange warten müssen. In der Finsternis, die uns umhüllt, kann es natürlich leicht geschehen, daß Räuber und Mörder

Schrecken erregen und Blut vergießen, aber die Welt wird so bald nicht untergehen. Die Gewalt liegt am Anfang der Dinge, nicht am Ende. Wir kommen von der Gewalt her, doch inzwischen herrscht um uns die Sanftmut. Von der Gewalt ist die dekorative Grimasse, die abstrakte Hieroglyphe noch übrig. Und sollte die Welt vergehen – von einem Augenblick zum anderen –, dann gewiß nicht in einem Flammensturm.

Pädagogischer Exzeß

Es hat keinen Sinn, unsere Urteile über uns selbst an die Öffentlichkeit zu bringen, sie geschrieben und gedruckt anderen mitzuteilen. Wir können, müssen über uns urteilen, von öffentlichem Interesse aber können bloß die Urteile der anderen über uns sein. Den Griechen entging diese Selbstverständlichkeit nicht, in der Moderne jedoch, wo einer, der bei gutem Verstand ist, den Urteilen der anderen nicht glaubt, hat man die anderen auch über die Weise belehren wollen, in der wir selbst beurteilt werden müssen. Das war der Fall bei Nietzsche und bei Schopenhauer.

DER GRAUSAME SCHLUND

Der Tod Homers

Rauh und archaisch ist der Grund des Rätsels: sein Gewicht im Leben der Griechen bezeugt eine alte Erzählung vom Tod Homers, die mindestens aufs sechste Jahrhundert v. Chr. zurückgeht. Der Dichter sitzt auf einem Felsen am Meer von Ios: ein Boot mit jungen Fischern fährt vorbei, und Homer fragt sie, ob sie etwas gefangen haben. Darauf die Fischer: »Was wir gefangen haben, haben wir zurückgelassen, was wir nicht gefangen haben, tragen wir bei uns.« Die Ausdrucksweise ist sehr feierlich, was ausgedrückt wird aber sehr alltäglich. Es sind die Läuse, die die Fischer zum Teil gefangen und zerdrückt haben, zum Teil aber noch in den Kleidern tragen. Dies ist der erste Kontrast. Homer kann das Rätsel nicht lösen, verliert den Mut und stirbt »aus Niedergeschlagenheit«. Das Rätsel ist also ein tödlicher Angriff auf den Weisen, ist für ihn die große Gefahr. Der unmittelbare Anlaß für den Tod

Homers ist ein albernes Mißverständnis, der tiefere Grund ist eine sublime Niederlage in der Erkenntnis – zweiter Kontrast.

Es ist eine verblüffende Erzählung, ein unauflösbares Gewirr von Elementen, selbst ein Rätsel übers griechische Leben. Der Scharfsinn des Verstandes erscheint als höchster Wert, und für Menschen, die alles am Maßstab des Kampfes messen, entzündet sich hier der höchste Wettstreit. Entziffern, was verborgen ist, das ist der Sinn des Lebens. Der Mythos von Ödipus und der Sphinx hat dieselbe Wurzel. Auch die Gestalt der Sphinx – als hybrides Wesen eine weitere Mahnung an die animalische Substanz des menschlichen Lebens – entstammt dem Kult Apollos; sie verbindet sich mit dem Rätsel und betont seine wilde, grausame Natur. Dies ist das älteste Zeugnis über den Mythos, ein Fragment Pindars: »Das Rätsel, das aus dem grausamen Schlund der Jungfrau ertönt.« Das groteske Element liegt, als Symbol, in der Transparenz der Lösung. Hier und anderswo verweist der Kontrast zwischen dem nichtigen Inhalt und dem tragischen Ausgang auf den spielerischen Aspekt des Rätsels: die verhängnisvolle Formel ist ein Spiel des Gottes oder ein willkürlicher Angriff auf den Weisen. Wer aber unterliegt im thebanischen Wettstreit, der ist des Todes, wer triumphiert im Kampf der Erkenntnis, dem fällt die Macht zu. Die göttliche Kraft, die das Rätsel stellt, ist böse und hochmütig, sie will die Tiefe hüten, verhindern, daß sie entziffert wird. Ihr Hohn soll den entmutigen, der die Herausforderung annimmt.

Boshaft greift Heraklit das Rätsel auf, das für Homer zum Verhängnis wurde: »Bei der Erkenntnis der sichtbaren Dinge werden die Menschen getäuscht, ähnlich wie Homer, der weiser war als alle Griechen. Ihn täuschten nämlich jene jungen Leute, die Läuse zerdrückt hatten und ihm sagten: was wir gesehen und gefangen haben, lassen wir zurück; was wir nicht gesehen und nicht gefangen haben, tragen wir bei uns.« Der Weise greift den besiegten Weisen an und macht ihn lächerlich, wütet ohne Erbarmen, und die Anklage gegen Homer lautet, daß er sich habe täuschen lassen. Wer Rätsel stellt, will täuschen, und der Weise hat die Täuschung zu entlarven. Doch Heraklit setzt den Wettstreit fort und stellt ein Rätsel über das Rätsel: was ist der zweite Inhalt, auf den sich die Formel des Rätsels anwenden läßt? Was bedeutet: die sichtbaren Dinge, die wir gefangen haben, lassen wir zurück? Vielleicht will Heraklit sagen, daß die sichtbaren, offenkundigen Dinge uns mit ihrer illusorischen Dauer täuschen: denn »man kann nicht zweimal in denselben Fluß steigen«. Und dies nicht, weil das Werden wirklich ist, sondern weil der sichtbare Gegenstand nicht wirklich, bloß das Aufblitzen eines Moments ist, das wir erfassen und wieder verlieren. Wenn wir einen Gegenstand der Welt sehen und ihn festhalten, als wäre er wahr, dann eben entgleitet er uns, dann lassen wir ihn zurück, gerade weil wir an die Körperlichkeit, an die Festigkeit des Sichtbaren geglaubt haben, die doch nichts als eine flüchtige Fiktion ist. Wir werden getäuscht, wir sind keine Weisen, wenn wir diese Illusion nicht aufdecken. Das Verborgene hingegen, das Heraklit auch an anderen Stellen als das Göttliche auffaßt, das also, was wir nicht gesehen und nicht gefangen haben, tragen wir bei uns, in uns, wie schon die Inder gesagt hatten.

Ein perverser Ursprung

Die ungleiche Herausforderung, die Feindseligkeit, der Hohn, die sich mit dem Rätsel verknüpfen, als Haltungen und Gefühle des Gottes, der es dem Menschen stellt, oder des Menschen, der es dem Menschen stellt, enthalten ein Moment von Perversion, einen tiefen Impuls von Bosheit, den Hochmut des Gedankens. Diese Grausamkeit der Erkenntnis, die für die Griechen charakteristisch und von Anfang an pathologisch ist, entfaltet sich wuchernd, tückisch und zweideutig in der Dialektik, die das Rätsel im Ausdruck abschwächt, es auf mehrere Personen ausdehnt, innerlich entdramatisiert und zum Kalkül verdünnt. Die Vernunft gründet auf dem Pathologischen.

Rätsel und Wettkampf

Das Rätsel ist ein Spiel, in dem eine Gewalt nistet; der Wettkampf ist eine Gewalt, in der ein Spiel nistet. Das Rätsel tritt mit einem Lächeln auf, es begeistert und verführt durch sein plötzliches Erscheinen, durch die verlockende Aussicht auf einen Sieg. Wer ihm mitten im alltäglichen Leben begegnet, den überläuft ein Schauer der Erregung. Bald aber spürt er von ferne die Grausamkeit. Der Schrecken eines tödlichen Wagnisses, einer erbarmungslosen Gewalt schnürt ihm die Kehle zu. Beim Wettkampf hingegen bildet die harte Spannung der Körper, die sich umschlingen, den unmittelbaren Aspekt, der zuerst in den Blick tritt; dann regt sich plötzlich die Ahnung der Fiktion, und in der

Entdeckung des Spiels mildert sich jene Härte. Der Kampf des *pankration* ist nicht der blutige Kampf auf dem Schlachtfeld. Das Rätsel enthält den Keim zum intellektuellen Wettstreit, doch ebensosehr läßt der athletische, körperliche Wettkampf, das panhellenische Phänomen des Agonismus, noch das Rätsel als seine Wurzel erkennen, und zwar in den Siegesgesängen der Dichter. Was in Olympia und auf dem Isthmus gefeiert wird, gemahnt mit den Bildern von kämpfenden Menschen und Pferden an den göttlichen Ursprung des poetischen Wahnsinns. Pindar und Bakchylides sanktionieren den religiösen Charakter des menschlichen Agonismus durch die vollendete Musikalität von zusammenhanglosen Worten, von delirierenden Visionen: ihre Poesie ist eine Verkleidung des Rätsels, eine symbolische Wiedergewinnung jener Kommunikation des Gottes mit dem Menschen, die in der Herausforderung des Rätsels, in der Provokation zum Wettkampf besteht.

Christlich bedeutet antichristlich

Also sprach Zarathustra steckt voller offener und verkappter Bibelzitate, was den Interpreten Nietzsches viel Kopfzerbrechen bereitet hat. Doch warum sollte diese stilistische Erscheinung nicht dadurch zustande kommen, daß, angesichts ekstatisch aufblitzender innerer Erfahrungen, die intensiven, inspirierten Zustände der Kindheit, die ersten religiösen Vibrationen des Pfarrerssohnes wiedererinnert werden? Besser als durch psychologische Hypothesen läßt sich die Frage durch die Vermutung erhellen, daß Nietzsche sich instinktiv des Rätsels bedient hat. Vielleicht handelte es sich um eine List, eine Irreführung, eine gewollte Entgegensetzung, eine falsch und paradox christliche Form – um in drastischer Weise auf einen antichristlichen Inhalt hinzudeuten. Auf dem Rätsel durch Antithese beruht im übrigen der Rahmen der Erzählung. Der Orient, die Wiege des Pessimismus – das Christentum ist wesentlich etwas Orientalisches –, verkündet die große Lehre des Abendlandes, die Bejahung des Lebens; der persische Prophet, der in der Geschichte als Vorkämpfer der Moral auftritt, als derjenige, der die Moral zur Metaphysik erhebt, der dem Gegensatz von gut und böse eine kosmische Bedeutung verleiht, ist bei Nietzsche das Gegenteil seiner historischen Erscheinung, der Vorkämpfer des Immoralismus. All das gilt für die exoterische Darstellung; soweit aber das Buch »für Keinen« ist, stellen sich die Andeutungen, statt durch Antithese, auf direktem Wege her: so erscheint Griechenland, nicht der Orient, wenn die Rede ist vom »Torweg des Augenblicks«, vom »Kind mit dem Spiegel«, von den »glückseligen Inseln«, vom »Gesicht und Rätsel«.

Mittel der Kommunikation

Die Maske entspringt als Erfordernis der esoterischen Mitteilung, wenn diese sich ausdehnt, ein größeres Publikum sucht und in den Sog des Exoterischen gerät. In diesem Fall errichtet die Maske eine Schranke, das

Zeichen der Zweideutigkeit, um der edlen Natur einen Wink zu geben und die vulgäre fernzuhalten. In einem abgeschwächten Sinn ist alle Kunst, was ihren Ausdrucksaspekt betrifft, etwas Intermediäres, Wahrnehmbares, zwischen der unkommunizierbaren Innerlichkeit und dem undifferenzierten Zuschauerkreis. Wenn zum Ausdruck das Wort gehört, neigt sich die Waage zur Seite des Publikums; das Gegenteil geschieht, wo der Ausdruck einen unvermittelten, sinnlichen Reiz hat wie in Musik und Malerei. Zweifellos ist das Sinnliche dem Unmittelbaren näher als das Abstrakte. Die Musik ist der typische intermediäre Ausdruck in dem beschriebenen Sinn, etwas in seinem Wesen nahezu Unbekanntes, ein bloß von Menschen Gemachtes, das doch mit natürlichen, sinnlichen Mitteln spricht, ein Schirm zwischen der Unmittelbarkeit und der Vorstellung, selbst eine Vorstellung, die das Unmittelbare umformt, ausdrückt, verwandelt, formalisiert, vergegenständlicht, versteinert.

Geburt der Tragödie

In Griechenland ist die Tragödie eine Umkehrung der Mysterienerfahrung: ursprünglich als ein Versuch, diese Erfahrung exoterisch auszudehnen. In Eleusis erzeugt die Ekstase der Eingeweihten die Vision, die Halluzination der Erkenntnis. Wird diese Vision dann vom Individuum im beschränkten Rahmen der Kunst ausgedrückt, als Geschehnis realisiert, vor einem größeren Publikum dargestellt, so wird sie zum Angelpunkt für einen umgekehrten Weg, für die Wiedergewinnung der kollektiven Besessenheit, die für beide Phänomene den gemeinsamen Hintergrund bildet und deren Ekstase, jenseits des Gegensatzes von Freude und Schmerz, keine Erkenntnis ist, doch in Erkenntnis sich übersetzt.

Die Spur des Unsagbaren

Das Rätsel erscheint, nach Platon, wenn der Ton der Worte, in seiner unmittelbaren Bedeutung, nicht wiedergibt, was der Sprechende meint. Das Rätsel setzt also einen ekstatischen Zustand voraus: bei der Rückkehr zum alltäglichen Leben sind noch Erinnerungen an die Ekstase haftengeblieben, die nun im gewöhnlichen Kontext als etwas Fremdes erscheinen. Das Wort, das sich in diesem Staunen einstellt, kommt aus einer Beziehung zu jenem heterogenen Grund und wird zum Rätsel. Ein Spiel bringt das Rätsel hervor, ein Spiel, das auf den Abstand zwischen Gott und Mensch verweist. Rätsel ist die Erscheinung dessen, was verborgen ist, im Manifesten – im Wort –, ist die Spur des Unsagbaren.

Doppelte Wahrheit

Nietzsche gebraucht den Begriff »Wahrheit« in zwei verschiedenen Bedeutungen, wenn er ihn einmal auf einen Inhalt, das heißt auf den inneren Kern der Welt, die Wurzel des Lebens, bezieht und ein andermal auf eine Form, einen bestimmten verbalen Ausdruck. Seltsamerweise ist die auf den Inhalt bezogene Wahrheit für Nietzsche etwas Ausgemachtes, auch wenn er nicht gern von ihr spricht; man kann sagen, daß für ihn diese Wahrheit von Anfang an feststeht und keine Entwicklungen oder Schwankungen kennt. Es handelt sich um die Wahrheit als »Erkenntnis des Schmerzes«, nach der Lehre Buddhas und Schopenhauers. Die andere Wahrheit dagegen ist ein illusorisches Spiel, eine tyrannische Anmaßung, ein Heer von Metaphern oder die Maske, die der Denker aufsetzt, um den Schrecken der ersten Wahrheit zu verbergen. Diese doppelte Wahrheit ist eine Falle, in die Nietzsche gerät: der moralische Mensch, der in ihm steckt, ist an dieser Verstrickung schuld. Ein naiver moralischer Grundsatz schreibt nämlich vor: der, der die Wahrheit kennt, soll sie auch »sagen«. Nur der Wahrhaftige darf auf die Wahrheit Anspruch erheben. Doch wer die Wahrheit kennt, »kann sie nicht« sagen, denn er würde sich gegen das Leben versündigen, Anlaß geben, es zu verschmähen. Es besteht ein moralischer Konflikt zwischen der Pflicht, die Wahrheit zu sagen, und der Pflicht – oder der Lust –, das Leben zu bejahen. Deshalb »sündigt« der Philosoph, wird zum Lügner, zum Künstler, um das wahrhaftige Wort zu vermeiden. Die Moral – oder die Unmoral – des Lebens ist stärker: er setzt sich eine tragische Maske auf und sucht tyrannisch, in seiner Fiktion, gelindere Wahrheiten vorzuschreiben. Etwa die Lehre vom Willen zur Macht. Müssen wir auch die Intuition der ewigen Wiederkehr auf diese Weise interpretieren? Oder zeigt sich hier nicht vielmehr das Verlangen, eine »dritte« Wahrheit zu erobern, die die Wahrheit des Schmerzes ausschalten soll, ohne aufs Kunstmittel der Metapher zurückzugreifen? Aber die Intuition der ewigen Wiederkehr ist keine kathartische Ekstase, keine unerschütterliche und definitive Erleuchtung: immer wird es für Nietzsche »die stillste Stunde« geben, mit ihrer schrecklichen Vision des Schmerzes, der unüberwindbaren Mauer.

Die Perspektiven und die Begriffe sind zu verändern. Gegenüber der Wahrheit der Tiefe hört jede Moral, jeder Anthropomorphismus auf. Diese Wahrheit ist nicht schrecklich, weil ein solches Prädikat bloß eine Reaktion unseres empirischen Subjekts auf eine bestimmte Erkenntnis angibt, die von ihm nicht bedingt ist. Sie ist auch nicht erhebend. Und schließlich handelt es sich nicht einmal um eine Wahrheit, denn die Wahrheit gehört dem Sagen an. Das moralische Problem, die Wahrheit zu sagen, existiert folglich nicht, denn wo es die Wahrheit gibt, gibt es auch schon das Sagen. Das heißt freilich nicht, daß die Tiefe, ist jede Bezeichnung dahin, sich ebenfalls auflöst. In unmittelbarer Weise zu leben, vor aller abstrakten Erkenntnis und aller Kunst, vor jeder Wahrheit und Lüge, das deutet jene Tiefe schon an, sagt sie aber nicht. Sagt sie nicht, weil »man nicht sagen kann«, weil sie das Unaussprechliche ist, nicht weil »man nicht sagen darf«. So verbirgt sich die Tiefe.

Die Illusion der Immanenz

Nietzsche wird nicht müde zu wiederholen, daß es keine andere Welt gibt als die, die wir um uns her sehen, und daß die verborgenen Grundlagen, die absoluten Substanzen Fabeln der Philosophen sind. Wenn es kein Substrat gibt, dann fällt die Welt mit unserer Erkenntnis von ihr zusammen, wird von ihr jedenfalls widergespiegelt. Doch Nietzsche fügt hinzu, daß jede Erkenntnis Lüge ist und daß die Bedingungen und Formen unseres Erkennens, das Subjekt, das Ding, die Einheit, die Bewegung und so weiter, nichts anderes sind als Fälschungen. Diese nihilistische Analyse ist von großer Bedeutung, sie steigert die Skepsis zu einer unerhörten Radikalität; auch ist sie ungemein redlich, da sie Nietzsche zu einer Schlußfolgerung führt, die derjenigen, die er erreichen wollte, gänzlich zuwiderläuft. Denn wo liegt die Differenz zwischen einer Welt, die sich völlig in Lüge auflöst, und einer Welt, die von Anfang an als »Schein« aufgefaßt wird? Etwas zu einer Lüge zu erklären, bedeutet, es einer Wahrheit entgegenzusetzen.

Die Untersuchungsmethode Nietzsches ist nicht rational, es geht ihm nicht darum, die allgemeinen Bedingungen der Lüge und des Irrtums zu klären und zu bestimmen; sie ist vielmehr mystisch, denn er geht von den Wirkungen der Fälschung aus, und im negativen Verfahren nimmt er nacheinander alle Schleier der Lüge fort, um eine ungenannte und unerreichte Wahrheit zu entdecken und zu befreien. Die positive Bezeichnung, die gelegentlich diese Wahrheit vertreten soll, »Dionysos« etwa oder »Wille zur Macht«, ist vom rationalen Standpunkt natürlich unhaltbar. Daß sich der ganze Ausdruckskomplex letztlich auf eine mystische Erfahrung stützt, geht aus der Tatsache hervor, daß die – intuitive oder theoretisierende – Benennung des Prinzips weder aus der abstrakten Sphäre noch aus der des Sichtbaren stammt, sondern aus der Sphäre des Inneren, aus einer Introspektion. Der Wille zur Macht wird von Nietzsche als ein *pathos* definiert, das heißt als ein Erleiden, ein Empfangen, eine unmittelbare Modifikation der Innerlichkeit.

Ein finsteres Wort

Nach Hegel blieben die Deutschen im Bann des dunklen, geheimnisvollen Begriffs des »Werdens«. Vor dem Werden wirft sich der Deutsche zu Boden. Selbst Nietzsche hat sich dieser Behexung nicht zu entziehen vermocht, und auf den Spuren Hegels rühmt er in Heraklit den Entdecker des »Werdens«. In Wahrheit aber kannten die Griechen diesen Begriff bis Aristoteles nicht. Und bei Aristoteles handelt es sich nur um eine wissenschaftliche Hypothese, die die Sphäre der natürlichen Vorgänge in der zeitlichen Sukzession an den modalen Widerspruch zwischen notwendig und zufällig angleichen soll. Hegel bestimmt dagegen das Werden als Einheit des Seins und Nichts. Dieses Paradox hatte großen Erfolg, weil die abendländische Tradition stets das Sein als einen unwandelbaren Gegenstand dargestellt hat, dem gegenüber das Fließen des Werdens aus einem romantischen Impuls als wirklicher, lebendiger und wahrer reklamiert werden kann. Aber erstens ist das Sein kein Gegenstand, so daß sich der Drang zum Ausbruch als unberechtigt erweist. Ferner kann das Fließen des Werdens von der Vernunft nicht gedacht werden (Hegels Definition ist ohne Inhalt), und um der Einheit von Sein und Nichts einen Sinn zu verleihen, bleibt nichts anderes übrig, als sie der Zeitlichkeit zu subsumieren, gemäß der Aristotelischen Perspektive. In diesem Fall büßt die Formel ihren Zauber und ihre Dunkelheit ein, und dem Begriff des Werdens kommt im Grunde nur die folgende, weit weniger anspruchsvolle Bedeutung zu: zuerst existieren die Geschöpfe nicht, dann werden sie geboren, dann wachsen sie heran, und dann sterben sie.

Strenger gefaßt, ist das Werden ein abgeleiteter Begriff, ohne kategoriale Autonomie. Geht man ihm im Konkreten nach, so erweist er sich als eine Modifikation, eine Schematisierung der Vorstellung der Zeit oder, wenn man will, der Bewegung; geht man ihm im Abstrakten nach, so ordnet er sich, durch eine Ausdehnung von der Sphäre der Quantität auf die der Qualität, der Kategorie der Kontinuität unter. In beiden Fällen aber ist derjenige Begriff, von dem der des Werdens sich herleitet, eine bloße Interpretation, der Ausdruck von etwas Unbekanntem. Das Hegelsche Fließen ist eine Erscheinung (denn Erscheinung sind schon die Zeit und die Kontinuität), ja ein Wort, eine Abstraktion. Ob wir vom Fließen oder vom Sein sprechen, macht keinen Unterschied: jenes ist nicht konkreter als dieses. Wäre das Unbekannte ein Fließen und wir sprächen von ihm, so gäbe es das Fließen nicht mehr.

Nebel und Sonne

Es gibt in Europa einen mediterranen Mystizismus und einen des Nordens. Als innere Erfahrungen zutiefst verschieden, erscheinen sie bisweilen sogar entgegengesetzt, wenn man sie nach ihren Ausdrucksreliquien beurteilt und den individuellen Wegen der Erkenntnis nachgeht. Es genügt, zwei extreme Ausprägungen zu vergleichen: Plotin und Böhme. Der mediterrane Mystizismus ist visionär, gebunden an die Ströme des Lichts, an die Trunkenheit des Mittags, ans Erscheinen von Meer- und Waldgöttern. Seine Ekstasen sind selten aus Einsamkeit geboren, sie gründen sich auf esoterische Gemeinschaften, häufig auf kollektiven Taumel und Gefühlsüberschwang, eingebettet in einen intensiven natürlichen Rahmen. Und wenn die Erinnerung daran sich in literarischen Ausdrucksformen zu verewigen sucht, so ergibt sich kein wirres Gestammel, das aus der inneren Glut nicht heraustritt, sondern eine visionäre Verwandlung. Typisch ist der Fall Platons. Der Mystizismus des Nordens dagegen scheut die sichtbare, natürliche Erscheinung, zieht sich schamhaft von ihr zurück und verschmäht sie, gemäß seinem asketischen Ursprung, und wenn er den Weg des Wortes beschreitet, bleibt er in der symbolischen und begrifflichen Übersetzung befangen, liegt über seinem Ausdruck das Schwere und Dunkle der Anspielung. Das Göttliche tritt in die Sphäre des Sichtbaren nicht ein, leuchtet in ihr nicht auf. Der Ausdruck, in dem dieser Mystizismus sich am glänzendsten darstellt, ist die Musik. Nietzsche verbarg seinen nebligen Mystizismus und wollte den visionären. Im Traum ging er noch über das Mittelmeer hinaus, bis zur arabischen Wüste und bis nach Persien.

Dialektischer Einwand

Eine Vision der Welt, die um den Begriff des »Willens« zentriert ist, wie bei Schopenhauer und Nietzsche, verrät sogleich, daß zwischen ihrem Ursprung und der Dialektik (im griechischen Sinn des Wortes) keine Beziehung besteht. Es handelt sich um einen zweideutigen Begriff, den jede radikale Diskussion hinwegfegen würde. Der Wille wird als eine elementare Tatsache präsentiert, während es für einen Dialektiker leicht ist zu zeigen, daß sein Begriff hybrid, zusammengesetzt, von abstrakteren Kategorien abgeleitet ist. Diese Philosophen haben in Einsamkeit, ohne Überprüfungen und lebendige Einwände, ihre Gedanken ausgearbeitet. Der Zusammenhang zwischen dem Willen und dem *principium individuationis* ist evident.

Divination und Notwendigkeit

Die Wahrsagung der Zukunft impliziert nicht die Herrschaft der Notwendigkeit. Wenn ich sehe, was sich ereignen wird (was aber immer schon im Unmittelbaren existiert), so sagt das nichts im Hinblick auf das Eintreten dieses zukünftigen Gegenstands. Notwendigkeit heißt nicht Vorhersehbarkeit, sondern bezeichnet ein gewisses Band zwischen den Elementen, die zu etwas führen. Ich aber sehe das, was vom Spiel und von der Gewalt, vom Zufälligen und vom Notwendigen hervorgebracht werden wird. Das Wissen, daß in einem Jahr oder in tausend Jahren irgend etwas ganz Bestimmtes geschehen wird, betrifft nicht die

Zukunft, sondern die Vergangenheit. Die Weissagung ist möglich, weil die Wahrheit eines Ereignisses schon in der Vergangenheit liegt oder, besser, etwas Vergangenes ausdrückt, nicht weil das Ereignis eine Notwendigkeitskette abschließt. Dieses Band wird vom Zufall durchbrochen, und dennoch wird das Geschehnis, das jene Vergangenheit ausdrückt, gerade durch den Wechsel von Zufall und Notwendigkeit eintreten.

Wenn ich sage, daß ein Würfel, nachdem er geschüttelt worden und zur Ruhe gekommen ist, bestimmte Zahlen zeigen wird, und er tut es tatsächlich, so bedeutet das nicht, daß dieser Stillstand notwendig wäre. Ich habe bloß das Spiel vorausgesagt. Und im Wahrsagen selbst steckt ein Moment von Spiel. All das ist anscheinend schwer zu entwirren, wegen der althergebrachten Verwechslung der Wahrheit mit der Notwendigkeit. Wenn man sagt, daß etwas wahr ist, so gilt gewöhnlich für unabweisbar, daß es auch notwendig ist, und umgekehrt. In der Sphäre der Wahrsagung hingegen ist das, was ich vorhersehe, nur eine Wahrheit (oder das Sein von etwas), nicht eine Notwendigkeit. Wahrsagen bedeutet, ein Ereignis, also bloß eine Wahrheit, vor der Zeit zu erfassen, zu der es sich zeigen wird. Die Zeit ist Erscheinung, die Wahrheit aber ist Erscheinung, die sagt, was nicht Erscheinung ist.

Schopenhauer gegen Schopenhauer

In seiner Kritik am Mitleid wendet sich Nietzsche gegen Schopenhauer mit einer tieferen Vision, die ihm von Schopenhauer selbst kommt. Das muß betont werden, ohne die besonderen Argumente zu beachten, die Schopenhauer und Nietzsche für und gegen das Mitleid entwickeln; es geht dabei einzig um die grundlegenden Voraussetzungen ihres Denkens. Das Mitleid ist kein natürlicher, animalischer Impuls, sondern ein durch die Vernunft vermitteltes und bedingtes Gefühl, das heißt ein unnatürliches Gefühl.

Sokrates vor den Richtern

Eine Vision der Welt als Rätsel schwingt intensiv noch im jungen Platon nach. Sokrates wird durch seine letzten Worte als ein Weiser charakterisiert: »Wir sind dem Asklepios einen Hahn schuldig, entrichtet ihm den und versäumt es ja nicht.« Was hier interessiert, ist nicht die Interpretation dieser Worte, sondern die Tatsache, daß Sokrates sein Leben mit einem Rätsel beschließt. Auch seine letzten Worte an die athenischen Richter erklären das menschliche Tun für unentzifferbar: allen verborgen außer nur Gott. Ebenfalls in der *Apologie* finden wir einen Passus über dasselbe Thema, wo Sokrates in seiner ersten Rede an die Richter die von Meletos gegen ihn vorgebrachte Anklage als die Formulierung eines Rätsels interpretiert: »Sokrates frevelt, indem er keine Götter glaubt, sondern Götter glaubt.« Was Sokrates fürchtet, wird eintreten: dieses verhängnisvolle Rätsel, das Meletos aus Neid und Vermessenheit Sokrates und Athen in den Weg geworfen hat, wird sein Ziel erreichen, das heißt, es wird Sokrates und Athen »täuschen«. Die Verurteilung bedeutet, daß es Sokrates nicht gelungen ist, die Richter davon zu überzeugen, daß Meletos sich widersprach: die Täuschung ist geglückt, vermöge ihres Rätsels.

Wo es die Bibel nicht gibt

Zwei Kapitel von *Also sprach Zarathustra,* die zu den dunkelsten gehören, legen es nahe, die Quelle ihrer Inspiration im griechischen Rätsel zu suchen, und sie könnten auch im einzelnen durch einen Rekurs auf diese Sphäre analysiert werden. In dem Abschnitt »Unter Töchtern der Wüste« werden diese Mädchen »bebänderte Rätsel«, »Rätsel, die sich raten lassen« genannt; der Dithyrambus beginnt und schließt mit der Formulierung eines Rätsels: »Die Wüste wächst: weh dem, der Wüsten birgt« und enthält Ausdrücke wie »umsphinxt« oder »Die Wüste schlingt und würgt«. In einer ersten Fassung des Dithyrambus hatte Nietzsche gesagt: »reibt ewig hier Kinnladen nimmer müd – – –«. Diese Worte erinnern an das schon erwähnte Pindar-Fragment. Im Kapitel »Vom Gesicht und Rätsel« wendet sich Zarathustra an die »Rätsel-Trunkenen« und erzählt seine Vision, die ein Rätsel war und ein »Vorhersehn«: die Sphäre Apollos, der Wahrsagung und des Schreckens eines dunklen Bildes, der tödlichen Herausforderung des Gottes an den Menschen, ist der verschwiegene Grund: der Ruf zur Vergangenheit, der der Erzählung Nietzsches eine zusätzliche Resonanz verleiht und die evokative Dimension dieser Seiten betont. Dem Rätsel geht die Intuition der ewigen Wiederkehr voraus, Frucht der Kontemplation vor dem Torweg des Augenblicks, wo die beiden Wege der Ewigkeit zusammenkommen: das Bild ist hier vom Proömium des Parmenides eingegeben. Doch in den träumerischen, mondhellen Augenblick der Kontemplation senkt sich das Grauen der tragischen, visionären Enthüllung, die tödliche Angst des Rätsels, die Erkenntnis des Unterschieds zwischen Gott und Mensch.

ERBARMEN MIT EINEM HELDEN

Ein zweischneidiges Schwert

Die Vorliebe fürs Paradoxe, die Nietzsches Stil auszeichnet, läßt ein Geflecht widersprüchlicher Instinkte erkennen. Der tragende Impuls ist von edler Natur: das Aufbegehren gegen jede herrschende Meinung, gegen jede verbürgte, offenkundige Wahrheit. Aller Klugheit oder Altklugheit gegenüber lehnt sich Nietzsche spontan, mit dreistem Widerspruch auf. Doch die Vermessenheit seines Einspruchs, die Form seiner Darstellung, die vor keinem diskursiven Wagnis zurückschreckt, um nur ja eine jede verdächtige Behauptung zur extremen Konsequenz zu treiben, die grobe Replik mit den tollsten Verkehrungen von Urteilen und Begriffen, all das ähnelt dem Gestikulieren des Komödianten, der darauf aus ist, Verwirrung zu stiften, eine heftige Emotion zu erregen. Nietzsches Angriff scheint sich gegen den Leser selbst zu richten, dem er Konformismus unterstellt, zugleich aber fordert er Beifall von dem, den er demaskiert hat. Bisweilen grenzt diese Neigung zum Paradox fast ans moderne und dekadente Laster, um jeden Preis die Originalität zu suchen.

Die Maske herunter!

Jenseits jeder Grundsatzerklärung, jenseits aller Hymnen auf das Leben, auf die heidnische Freude und die Grausamkeit, entdeckt man bei Nietzsche einen untergründigen, tief verwurzelten Hang zu spontaner Askese, den er mit allen Mitteln zu verbergen sucht. Bei ihm ist der Ekel vor dem, was in einem körperlichen Sinne menschlich ist, vor der Sexualität überhaupt, vor dem blinden Impuls des Lebens nicht das Ergebnis einer Katharsis durch Erkenntnis, sondern eine ursprüngliche physiologische Gegebenheit, ein idiosynkratischer Widerwille gegen die Natürlichkeit. Es ist sogar denkbar, daß seine Intuition des metaphysischen Schmerzes, die bestürzende Erfahrung der »Wahrheit«, gefärbt ist von dieser instinktiven, unüberwindlichen Abneigung gegen die erschütternde Unmittelbarkeit des Lebens. Auch an diesem Punkt zeigt sich seine konstitutionelle Gemeinsamkeit mit Sokrates. Nietzsche ist also ein geborener Asket, einer, der angewidert den Blick vom Leben abwendet. Auch sein Zarathustra ist ein Asket.

Ein schwieriger Freund

In seinen persönlichen Beziehungen, seinen Freundschaften mit Männern und Frauen, war Nietzsche stets zuerst ein Naiver und dann ein ungeschickter Tyrann. Das galt auch für sein Verhältnis zu Rohde, Wagner und Lou von Salomé. Zunächst brachte er sein ganzes Leben in die Freundschaft ein, enthielt dem anderen nichts von sich selbst vor und bot seine Gedanken und seine Taten als Opfer dar. Dafür aber wollte er im nächsten Moment, daß auch der andere ihm all dies gäbe. Schwerlich können Beziehungen von Menschen auf dieser Basis gedeihen. Und in der Tat waren alle Freundschaften Nietzsches zum Scheitern bestimmt; aus ihnen erwuchsen ihm die bittersten Leiden in einem auch sonst nicht gerade angenehmen Leben. Seine Begeisterung, der Moment des Gefühlsüberschwangs waren den Freunden durchaus willkommen, was aber folgte, die Eigensinnigkeiten, die Maulereien, die Zornesausbrüche, die grimmigen Briefe, das bewirkte bei allen zunächst Erstaunen, dann Irritation, und schließlich zogen sie sich zurück. Die Wunden Nietzsches kamen nicht daher, daß man ihm die Gegenleistung schuldig blieb, sondern aus einer schmerzlichen Enttäuschung, aus der Gewißheit, daß die anderen nicht so fühlten, wie er es verlangte, nicht so, wie er geglaubt hatte, daß sie fühlten. Stets spürte er wieder die Leere um sich, nach längeren oder kürzeren Zeiten der Schwärmerei, also kam ihm das Schwärmen unsinnig vor: am Ende schloß ihn die Einsamkeit ein. So bleibt von Nietzsche der Eindruck, daß er gegenüber seinen Freunden unrecht gehabt hat, ein Eindruck, den die hinterlassen, die sich hingeben, sich rückhaltlos schenken und dann sich selbst deswegen zürnen.

Die Disziplin und die Phantasie

Nietzsche fehlte eine schulgerechte philosophische Disziplin, vor allem im Hinblick auf die Logik: das spürt man an der Unsicherheit und dem Abschweifenden seiner Argumentationen, am Stockenden und Hinkenden seiner Deduktionen, an ihrer Unbeständigkeit. Wenn er auf einem begrenzten Gebiet arbeitet und dessen traditionelle Methoden akzeptiert, wie er es in seiner Jugend in der klassischen Philologie tat, so häuft er mit großem Fleiß und enormem Arbeitsaufwand Daten an, aber es gelingt ihm dann nicht, all dieses Material unter einer leitenden Intuition, einem tragenden Begriff zusammenzufassen, das heißt, ihm mangelt es an Strenge und Tiefe. Seine philologischen Hypothesen sind bestechend, doch nicht genügend bewiesen: ihm fehlt es an Konzentration, an zäher Beharrlichkeit, an Übersicht. Ständig kommt ihm seine Phantasie dazwischen.

Ein reißender Strom

Nietzsche kann von sich selbst keinen Abstand gewinnen, auch dann nicht, wenn es darum geht, die eigne Entwicklung plastisch zu ordnen und die eigenen Kräfte recht zu dosieren: es steht schlecht um die Organisation seines Lebens. Dessen Gebäude langsam zu errichten, das vermochte er nicht. In seiner Jugend läßt er entgegengesetzten Instinkten ihren Lauf und wird von ihnen zerrissen. Von außen erreicht ihn nur selten ein Echo, trotz seines enormen Energieaufwands. Die Enttäuschungen werden überschätzt: einen Philosophen darf es nicht überraschen, daß sein persönliches Schicksal hinter den Hoffnungen zurückbleibt. Nach dem *Zarathustra* hatte Nietzsche vielleicht noch die Möglichkeit, über sich Herr zu werden, die innere Spannung zu lockern. Doch er fand keinerlei Hilfe, keinen äußeren Halt; er besaß nun nicht mehr die Kraft innezuhalten, Atem zu holen, seinen reißenden Strom in einen ruhigen See münden zu lassen: was er in sich entfesselt hatte, riß ihn fort, überrannte ihn. Er hat sich nicht zu schonen vermocht, sein Leben allzu rasch verbrannt. Erbarmen mit dem Helden.

Metaphysische Hypothese

Nehmen wir an, wir würden der metaphysischen These Nietzsches zustimmen, daß das ursprüngliche Element ein begrenzter, von Impulsen gehemmter Impuls ist. Was folgt daraus, wenn wir uns klarmachen, daß dies Element, wie auch Nietzsche zugeben müßte, keine Erkenntnis ist, daß es, als etwas Vorindividuelles, weder Subjekt noch Objekt, noch Beziehung ist zwischen den beiden? Das, worein der gehemmte Impuls sich verwandelt, worin er sich manifestiert, ist die Welt, die uns umgibt: das ist Erkenntnis. Ein Gebirgsbach, der herabstürzt, bricht sich schäumend auf einem Felsen: das ist die Manifestation eines gehemmten Impulses.

Die Erkenntnis ist der Ausgleich, der sich im ursprünglichen, verborgenen Geschehen des Lebens für die Versagung herstellt, zu der jedes expandierende Zentrum gezwungen wird, da jeder Impuls von anderen Impulsen beschränkt ist, die unterschieden, doch homogen sind. Im Bild, in der Erscheinung, wo sich die Härte dieses Zwanges spiegelt, gewahrt man für einen Moment den Stillstand.

Abweichungen vom Vorbild

Von Nietzsche stammt ein Modell für die Vornehmheit des Blicks und des Gedankens. In vieler Hinsicht hält er sich selbst nicht auf dieser Höhe. Das liegt vor allem an seinen modernen Lastern (während das Modell auf etwas Antikes verweist), an der Maßlosigkeit etwa, dem persönlichen *pathos,* am gelegentlichen Einverständnis mit den Mythen der Geschichte, der Praxis und der Wissenschaft, besonders jedoch an zwei verräterischen Zügen, die seinen vornehmen Anspruch Lügen strafen, was er anscheinend gar nicht bemerkt. Nietzsche entblößt sich ohne Hemmung und Scham vor einem undifferenzierten Publikum, er gebraucht das literarische Mittel ohne Vorbehalt, nimmt dessen Vulgarität nicht zur Kenntnis. Er spürt nicht das Verlangen, zweideutig zu sein, auf indirekte Weise, mit Distanz zu sprechen. Und zweitens gewinnen in ihm allzu oft – auch in der Freundschaft – zerstörerische oder sogar nihilistische Instinkte die Oberhand.

Handeln im großen

Nietzsches Ziel ist ein Handeln in großem Maßstab gewesen, und er hat überhaupt eher dem Handeln als dem Denken den Vorzug gegeben. Dieser Standpunkt, so verlockend er auch sei, muß zurückgewiesen werden, weil eben das Handeln eine Sphäre ist, die der Denker hinter sich läßt. Aber selbst zugegeben, daß die Handlung für einen Philosophen wünschenswert sei, warum eine Handlung in großem Maßstab? Als eine solche muß sie indirekt sein, wohingegen der Philosoph, oder besser der Weise, auf die vermittelte Wirkung keinen Gedanken verwendet. Zudem ist die Perspektive beschränkt und banal, derzufolge die Handlung Bedeutung gewinnt, wenn sie sich auf viele Menschen erstreckt. Was für einen Denker zählt, ist, wenn überhaupt, auf bestimmte Menschen zu wirken.

Die Optik der Verachtung

Nietzsche hat unsere Zeit verachtet, alles, was modern ist. Dies hat er unzweideutig getan, vorbehaltlos, häufig mit Wut, mit apokalyptischer Strenge. Dann sind die gekommen, die Nietzsche rühmen und Kinder unserer Zeit sind. Es ist nur natürlich, Kind der eigenen Zeit zu sein, dann aber muß man den hassen, der unsere Zeit haßt, wie es billigerweise, im Hinblick auf Nietzsche, viele andere Kinder unserer Zeit getan haben. Abermals anderen, denen, die sich unbehaglich fühlen, die geängstigt, abgestoßen, angeekelt sind von unserem Jahrhundert, hat Nietzsche freilich etwas Wertvolles an die Hand gegeben, nämlich die Möglichkeit, seine Optik der Verachtung auf das zu richten, was nach ihm gekommen ist, vor allem auf das, was selbst er, der vom Zorn übermannte Prophet, nicht hat voraussehen können.

Der Philosoph als Weltmann

Nietzsche pfeift auf die Politik, er ist der Antipolitische par excellence. Seine Lehre will die totale Distanz des Menschen von den sozialen und politischen Interessen. Diese seine Natur will Nietzsche häufig verbergen und spricht dann mit Eifer von Politik. Das entspringt einer weltläufigen Haltung des Philosophen, einer gewissen Eitelkeit und Aufdringlichkeit, seiner Anmaßung, uns auch in den menschlichen, allzumenschlichen Fragen genauer zu sehen als die anderen, oder der Exaltation eines nahe bevorstehenden Wahnsinns.

Rangunterscheidung

Die Beschäftigung mit Politik ist die Tätigkeit, mit der Nietzsche sich selbstsicher, durchtrieben und frivol zeigen möchte, um sich vor allem selbst zu beweisen, daß er kein Büchermensch ist, sondern mit beiden Beinen in der Wirklichkeit steht. Im Hinblick auf seine Person ging die Rechnung nicht auf, denn wer die politischen Dinge aus der Nähe zu beurteilen weiß, erhöht die Konkretion seines Lebens nur wenig. Im Hinblick auf die gewonnenen Erkenntnisse gilt es zu unterscheiden. In seiner Jugend betrachtete er die vorsokratischen Philosophen als »Ärzte der Kultur«. Damit setzte er jene Weisen zu Tatmenschen herab, nach einem gängigen Muster vom universalen Individuum. Als Arzt der Kultur ist Nietzsche vor allem ein ausgezeichneter Diagnostiker mit gutem Talent zur Prophetie. Was er prophezeit hat, ist fast allzu rasch eingetreten. Als Religion ist das Christentum heute ein Relikt, gegen das alle Feindschaft verstummt ist; die Zeit der großen Gewalten ist gekommen, wir haben sie vielleicht schon hinter uns; der Immoralismus hat seine Herrschaft angetreten, als eine Errungenschaft der Masse. Die Diagnose hat Nietzsche richtig gestellt, die Therapie aber hat er verfehlt (er dachte, die Zukunft, wie er sie verkündete, wäre von heilsamer Wirkung). Die Übel unserer Kultur, all das, was die christliche Vision der Welt unter mannigfaltigen Verkleidungen uns hinterlassen hat, sind die gleichen geblieben, ja sie sind noch drückender geworden, obwohl die Veränderungen, die Nietzsche vorausgesagt hatte, inzwischen der Vergangenheit angehören.

Ein guter Prophet kann leicht zu der Überzeugung gelangen, daß er selbst die Ursache des Kommenden ist. Das spekulative Niveau Nietzsches läßt sein revolutionäres *pathos* lächerlich erscheinen. Sein Verstand zerstört jeden politischen Mythos, jeden Glauben an die Politik; doch bemerkt Nietzsche nicht, daß die Zielscheiben seiner Polemik nur flüchtige Schattenfiguren sind vor einem Blick wie dem seinen, der zutiefst antipolitisch ist. In einer anderen Wirklichkeit als der des neunzehnten Jahrhunderts hätte sein überschießendes Temperament Angriffe in andere Richtungen geführt. Wird bei Nietzsche der Unzeitgemäße vom Zeitgemäßen gegängelt, dann sind die Resultate des Denkens stets nur zweitrangig.

Der andere Dionysos

Das Symbol des Spiegels, das die orphische Tradition Dionysos zuschreibt, verleiht dem Gott eine metaphysische Bedeutung, die Nietzsche nicht zu durchdringen vermochte. Wenn der Gott sich im Spiegel betrachtet, sieht er die Welt als sein eigenes Bild. Die Welt ist also eine Vision, ihre Natur ist bloß Erkenntnis. Die Beziehung zwischen Dionysos und der Welt ist die zwischen dem unsagbaren göttlichen Leben und seinem Reflex. Dieser bietet nicht die Wiedergabe eines Gesichts, sondern die unendliche Vielfalt der Geschöpfe und Himmelskörper, den ungeheuren Strom von Gestalten und Farben: das alles herabgesetzt zu einem Widerschein, zum Bild in einem Spiegel. Der Gott schafft die Welt nicht: die Welt ist der Gott selber als Erscheinung. Das, was wir für Leben halten, die Welt, die uns umgibt, ist die Form, in der Dionysos sich betrachtet, sich vor sich selber ausdrückt. Das orphische Symbol rückt den abendländischen Gegensatz zwischen Immanenz und Transzendenz, an den die Philosophen soviel Tinte verschwendet haben, in den Bereich des Lächerlichen. Es gibt da nicht zwei Dinge, bei denen man herausfinden müßte, ob sie getrennt sind oder vereint, sondern es gibt nur eines, den Gott, und wir sind seine Halluzination. Dieser Auffassung von Dionysos nähert sich Nietzsche in der *Geburt der Tragödie,* wenn auch mit einem Übermaß an Schopenhauerschem Kolorit; später trübt dann ein stures Beharren auf der Immanenz seinen Scharfblick.

Zitieren verboten

Ein Fälscher ist, wer Nietzsche interpretiert, indem er Zitate aus ihm benutzt; denn er kann ihn all das sagen lassen, worauf er selber aus ist, indem er authentische Worte und Sätze nach freiem Belieben geschickt arrangiert. Im Bergwerk dieses Denkers ist jedes Metall zu finden: Nietzsche hat alles gesagt und das Gegenteil von allem. Und überhaupt ist es unredlich, sich der Zitate aus Nietzsche zu bedienen, wenn man über ihn spricht; man verleiht so den eigenen Worten Gewicht durch die Wirkung, die davon ausgeht, daß die seinen in ihnen erscheinen.

Wer Gerechtigkeit verdient

Gegen Nietzsche gerecht sein heißt, ihn an dem zu messen, was er selbst als »Gerechtigkeit« proklamiert hat. Dieselbe unerbittliche Strenge, mit der er auf seine Vergangenheit und seine Gegenwart geblickt hat, muß gegen ihn gewendet werden. Seine Schwächen müssen mit Grausamkeit, ohne Nachsicht aufgedeckt werden, denn so ist er mit den anderen verfahren. Nicht verzeihen dürfen wir ihm, was er nicht zu sehen vermocht hat. Dies heißt, von ihm gelernt zu haben.

Viele tragen gegenüber Nietzsche eine entgegengesetzte Haltung zur Schau, zeigen sich nachsichtig und verständnisvoll, bestrebt, ihn im Namen von Problemen, die heute modern sind, zu rechtfertigen, begierig, ihn sich anzueignen für die allerverschiedensten Zwecke. Die strenge Perspektive aber behauptet das Gegenteil, ihr ist Nietzsche allzu modern. Gerecht gegen ihn sein heißt aber auch nicht, ihn anzukläffen wie gereizte und feige Köter.

Türen schließen

Indem er sich selbst entblößt, setzt sich Nietzsche den vulgärsten Interpretationen aus. Mit einem, der die Haustüre offen läßt, kann man sich leicht Vertraulichkeiten erlauben. Vor allem, wenn man ihn drinnen schutzlos, krank, arglos, naiv und hilfsbedürftig antrifft.

Ein aufschlußreicher Hinweis

In einem Fragment aus dem Jahr 1883 erklärt Nietzsche, er habe das Geheimnis des Griechentums entdeckt. Die Griechen hätten an die ewige Wiederkehr geglaubt, denn eben dies sei der Inhalt des Mysterienkultes gewesen. Bedeutsam ist diese Beobachtung vor allem als Zeugnis für den klaren und tiefen historischen Blick Nietzsches (auch wenn er es dann für geraten hielt, diese Intuition nicht öffentlich zu verbreiten): der Gipfel des Griechentums muß in der kollektiven Ekstase, in der mystischen Erkenntnis von Eleusis gesucht werden. Und man kann sicher sein, daß er, als er diese Beziehung herstellte, nicht an die Ackerbauriten und den zyklischen Rhythmus der Vegetation gedacht hat. Noch bedeutsamer aber ist, was er über seine Person offenbart, vergleichbar mit dem Bekenntnis in Platons siebentem Brief: die höchste Lehre Nietzsches ist eine mystische Erleuchtung, eine Vision, die von allem Leiden und allem Verlangen, ja selbst von der Individuation befreit. Seit ihm diese Erfahrung zuteil wurde, sind alle Ideen, Diskussionen und Lehren Nietzsches nichts weiter als eine Komödie der Ernsthaftigkeit.

Die Falschheit des Literaten

Goethe ist eine doppelgesichtige Herme. Das Ideal der Ganzheit hat er nicht erreicht, weder im Leben noch im Werk. Als ein großer Geist hat er mit kluger Gelassenheit seine Seele zu retten gewußt, sich selbst zugewandt. Aber der Welt zugewandt, hat er die Kunst, sich den großen Erfolg zu verschaffen, beherrscht und genutzt, hat die deutschen Laster gefördert, die Sentimentalität, die Dunkelheit, die moralische Heuchelei. Die Unwahrheit und die Gefahr der deutschen Philosophie hat er begriffen, doch hat er es nicht gewagt, sich Hegel zu widersetzen, denn er erkannte in ihm den künftigen Sieger. Auch wenn ihm dergleichen Abstrusitäten durchaus nicht behagten, hat er Hegel sogar unterstützt und begünstigt, hat ihm die Weihe seiner Anerkennung verliehen. Diese Komplizität können wir Goethe nicht verzeihen. Ihm war es vom Schicksal vergönnt, gleich nach dem Erscheinen das Hauptwerk des jungen Schopenhauer zu lesen, seines andächtigen Bewunderers; doch eine gewisse Trägheit hinderte ihn daran – obwohl er begriffen hatte, daß der Weg der Weisheit zum Orient führt –, sich vor der Nachwelt als der Beschützer Schopenhauers zu präsentieren. Auch zögerte er nicht, seinen falschen, hellenistischen Klassizismus hintanzustellen zugunsten einer chaotischen, weichlichen, dekadenten, allzu deutschen Neufassung des christlichen Mythos.

Heute sind wir im Vorteil

Nietzsche ist das Individuum, das als einzelnes unsere Gedanken über das Leben auf ein höheres Allgemeinniveau gehoben hat, und dies gelang ihm, weil er sich von den Menschen und Dingen, die ihn umgaben, einen rücksichtslosen Abstand bewahrte, so daß wir nun gezwungen sind, von der Ebene auszugehen, die er uns angewiesen hat. Seine Stimme übertönt jede andere Stimme der Gegenwart; die Klarheit seines Denkens läßt jedes andere Denken unscharf erscheinen. Für den, der sich aus den Ketten gelöst hat und in der Arena der Erkenntnis und des Lebens Tyrannen nicht anerkennt, zählt einzig er.

Das Modell der Integrität

Der moderne Mensch ist zerbrochen, fragmentarisch. Ein unbeschädigtes Leben ist ihm verwehrt, gleichgültig, in welchem Land er lebt, welche Erziehung er genossen hat, welcher Gesellschaftsklasse er angehört. Er spürt diesen Bruch wie ein Verhängnis, unwiderruflich, von Anfang an, wenn er denn fähig ist, ihn zu verspüren. Das Individuum und das Kollektiv haben sich im Verlauf der Jahrhunderte voneinander entfernt, auf auseinanderlaufenden Wegen, und so nimmt ihre Entfernung immer noch zu. Was das Kollektiv sich vom Individuum erwartet, in ihm voraussetzt, ist stets von dem verschieden, was dieses in sich an Authentischem und Ursprünglichem entdeckt. Wer mehr ist als eine Ameise, wer eine bleibende Spur unter den Erscheinungen hinterlassen, seine Bahn markieren will – die eines Kometen oder einer Schnecke –, wird von der Menschenwelt zertrümmert, nicht von ihrer Feindschaft, sondern einfach von ihrer Fremdheit, ihren Regeln, ihren Verhaltensweisen und Gewohnheiten. Im Kollektiv findet der Ausdruck des Individuums kein Echo und keinen Widerschein mehr, verloren ist die Harmonie der antiken Welt.

In den letzten beiden Jahrhunderten ist das Auftreten einer großen Persönlichkeit stets vom Bild einer tragischen Existenz begleitet, es sei denn, ein versöhnliches oder feiges Temperament käme dazu, um das Individuum zu bewahren. Beispiele fänden sich übergenug. Ein eklatanter, emblematischer Fall dieses Schicksals ist Nietzsche. Außerordentlich ist auch seine Scham, der tollkühne, verzweifelte Kampf dessen, der fühlt, daß er unterliegen muß, und dennoch versucht, sein Los zu verbergen. Nietzsche will ein unversehrtes Leben und will sich nicht anders als unversehrt zeigen. Darin ist er »antik«: er hält es für erniedrigend, das zerbrochene Leben als solches zu enthüllen und zur Schau zu stellen, und erlaubt es keinem zu denken, daß das Leben dessen, der so zur Welt spricht, wie er es tut, ein Scheitern verbirgt. Als der Riß dennoch aufbricht, weiß Nietzsche die Eruption, den Bruch der Dämme, als poetische Lüge zu präsentieren. Doch diese Maske der Fülle, die Komödie der Integrität, ist unhaltbar, sie hilft, das zu vollenden, was sie verheimlichen will, die Auflösung der Person.

Was hat es im übrigen schon zu bedeuten, wenn jene Integrität, die er verkündete, im Menschen Nietzsche sich nicht verwirklicht hat? Es ist der geschwätzigen Neugier unserer Zeitgenossen, die sich begierig auf den Zerfall des Menschen gestürzt hat, gewiß nicht gelungen, den Ausdruck dieses Individuums, dasjenige, was es aus sich heraus- und über sich gestellt hat, auch nur im mindesten zu schmälern. Denn in einer Welt, die das Individuum zermalmt, ist Nietzsche imstande gewesen, uns das Individuum vor Augen zu führen, das nicht von der Welt bezwungen ist. Das hat er in einer Zeit vermocht, die sich darin gefiel – und die heutige gefällt sich darin womöglich noch mehr –, das zerbrochene Leben, das gescheiterte Individuum zur Schau zu stellen. Wenn die Person Nietzsches zertrümmert worden ist, so ist das kein Beweis gegen ihn. Er hat uns dafür ein anderes Bild vom Menschen hinterlassen, und es ist dieses, an dem wir uns zu messen haben.

Die Wüste wächst: weh, wer zur Wüste ward!
Wüste ist Hunger, der nach Leichen scharrt.
Ob Quell und Palme sich hier Nester baun –
Der Wüste Drachenzähne kaun und kaun
Denn Sand ist Zahn an Zahn, vielfräßige Pein
Bringt kinnladenhaft hier Stein auf Stein
reibt ewig hier
Kinnladen nimmer müd – – –
Vielfräßiger Hunger malmt hier Zahn an Zahn
Der Wüste Drachenzähne – – –
Sand ist Gebiß, ist Drachen-Zähnesaat
Das malmt und malmt – das malmt sich nimmer matt – – –
Sand ist die Mutter die ihr Kind gekaut
Mit fliegendem Dolche in deren Haut – – –